21世纪高职高专会计类专业课程改革规划教材

企业财务会计技能实训教程

主　编　蒋泽生

副主编　陈　静　余万军　邓　伟

中国人民大学出版社

·北京·

前言

教材建设是学校教学最基本的建设，是提高教学质量最基础性的工作。

为了进一步推进高等职业院校全面贯彻党的教育方针，创新教育思想，以服务为宗旨、以就业为导向，工学结合、校企合作，走产学研结合的发展道路，推进高等职业院校培育特色会计专业、打造精品课程，促进高等职业院校全面提高教育教学质量，培养具有较强实际工作能力，能适应企业会计工作需要的应用型、技能型人才，我们编写了本书。

本书在编写过程中，注重内容的全面性、知识体系的完整性、会计核算的规范性、实务业务描述的贴切性与清晰性，实现了会计理论教学与实训教学的延续性、创造性、新颖性与适用性，强化了学生在学习过程中的方法和手段，使学生在会计操作训练中得到锻炼和提高。

本书以一个制造业企业的经济业务为实训主线，贯穿整个实训业务环节。根据企业会计准则规定的会计要素，将企业具体的经济业务划分为所有者权益类业务、资产类业务、负债类业务、收入类业务、费用类业务和利润类业务，每一类业务均包含若干具体的经济业务案例，每个案例有对应的业务描述、原始票据、业务解析和操作指引等内容，使学生在掌握会计线下操作的基础上，熟悉云会计实训平台的操作。

本书共分为六项实训，实训一介绍企业的相关信息，实训二介绍企业一般经济业务的会计确认与计量，实训三介绍会计账簿的登记，实训四介绍财务报表的编制与信息披露，实训五介绍增值税及相关税种的计算与申报，实训六介绍云会计实训平台的应用。

本书编写分工如下：实训一由蒋泽生编写，实训二、实训三由陈静编写，实训四、实训五由余万军编写，实训六由邓伟编写，最后由蒋泽生审定。

本书既可作为高职高专会计专业理论教学的配套教学用书，也可作为会计培训上岗用书，还可作为会计学习者自学用书和参考资料。

本书在编写过程中得到了众多专家、学者的指导与帮助，天津神州浩天科技有限公司也给予了大力支持，在此一并表示衷心的感谢。由于我们的水平有限，存在的错误与遗漏还望读者给予批评指正。

编者

目 录

实训一

企业相关信息概述

实训目的

熟悉企业基本情况，了解企业经济活动类型，了解岗位分工，为整个实训工作做准备。

实训内容

企业基本情况，企业财务管理制度和内部会计核算管理办法。

实训方法

线下与线上实操练习。

实训要求

熟悉企业基本情况，熟悉企业财务管理制度和内部会计核算管理办法。

1.1 企业基本情况

北京浩天科技开发有限公司是有限责任公司，属于小型制造业行业。企业主要生产经营电控装置、换带装置。注册资金人民币陆佰万元，股东 3 人，其中：王天明出资 300 万元，李绅出资 150 万元，张浩出资 150 万元，法人代表：王天明。

企业地址：北京市海淀区知春路 62 号，联系电话：010－5128765，统一社会信用代码：91110109600356920×。

企业须在市场监督管理部门登记领取营业执照和机构信用代码证，如图 1－1、图 1－2、图 1－3 所示。

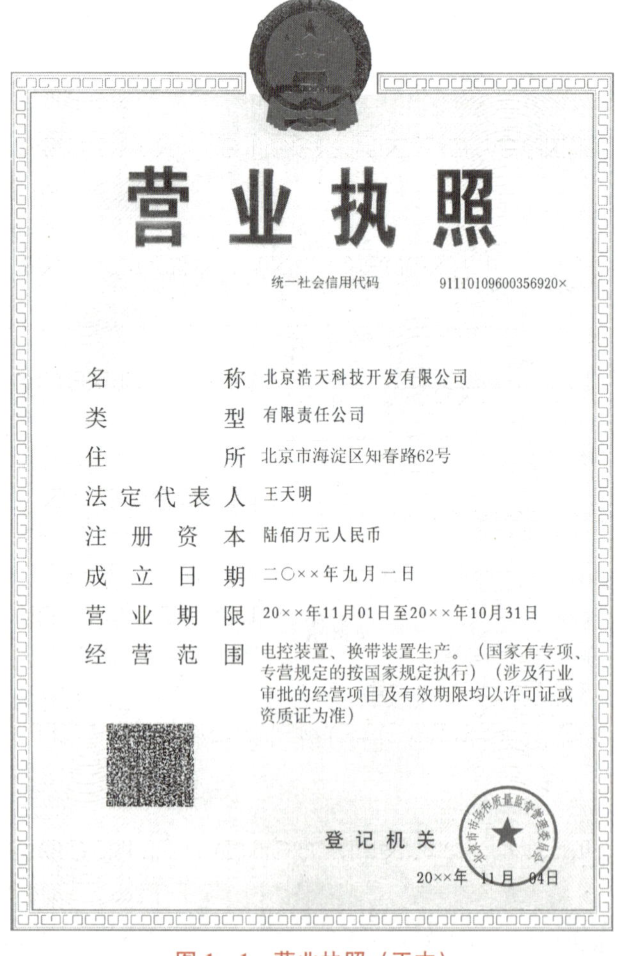

营业执照

统一社会信用代码 91110109600356920×

名称 北京浩天科技开发有限公司
类型 有限责任公司
住所 北京市海淀区知春路62号
法定代表人 王天明
注册资本 陆佰万元人民币
成立日期 二〇××年九月一日
营业期限 20××年11月01日至20××年10月31日
经营范围 电控装置、换带装置生产。（国家有专项、专营规定的按国家规定执行）（涉及行业审批的经营项目及有效期限均以许可证或资质证为准）

登记机关

20××年 11月 04日

图 1－1 营业执照（正本）

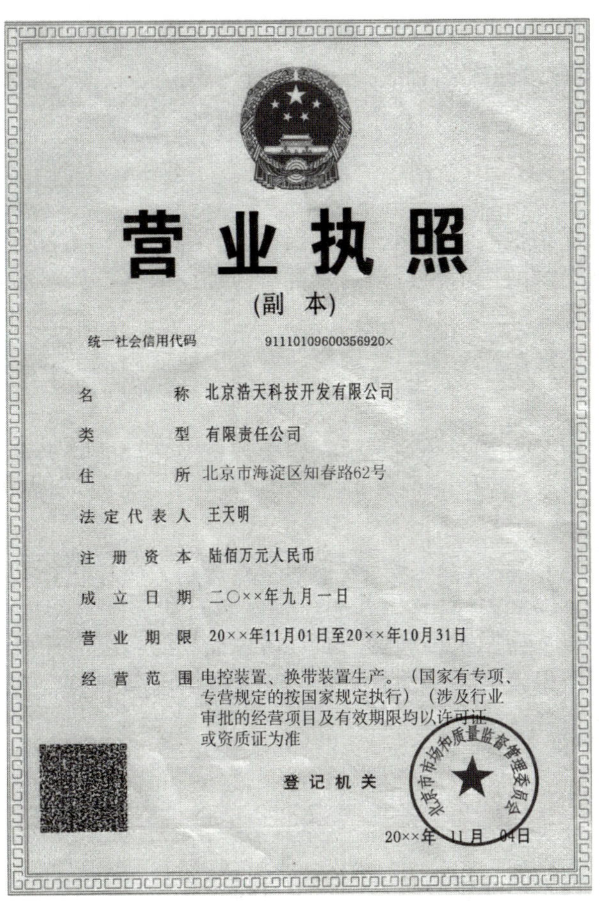

营业执照

(副　本)

统一社会信用代码　91110109600356920×

名　　　　称　北京浩天科技开发有限公司

类　　　　型　有限责任公司

住　　　　所　北京市海淀区知春路62号

法定代表人　王天明

注　册　资　本　陆佰万元人民币

成　立　日　期　二〇××年九月一日

营　业　期　限　20××年11月01日至20××年10月31日

经　营　范　围　电控装置、换带装置生产。（国家有专项、专营规定的按国家规定执行）（涉及行业审批的经营项目及有效期限均以许可证或资质证为准

登记机关

北京市市场和质量监督管理委员会

20××年　11月　04日

图 1－2　营业执照（副本）

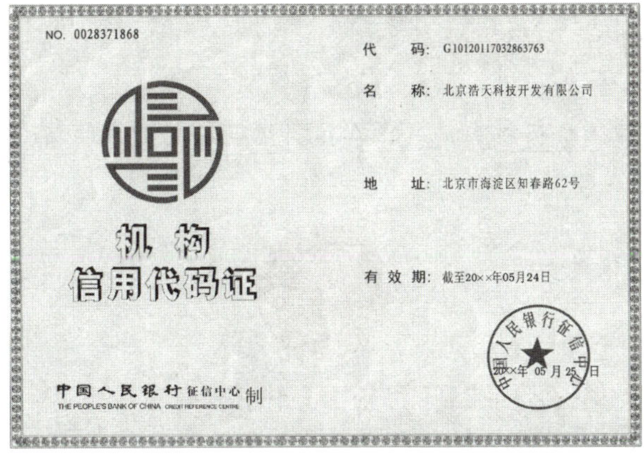

NO. 0028371868

代　　码：G10120117032863763

名　　称：北京浩天科技开发有限公司

地　　址：北京市海淀区知春路62号

有 效 期：截至20××年05月24日

机构
信用代码证

中国人民银行征信中心 制
THE PEOPLE'S BANK OF CHINA CREDIT REFERENCE CENTRE

中国人民银行征信中心

20××年 05月 25日

图 1－3　机构信用代码证

1.1.1　企业银行存款

企业资金往来与结算需通过在银行开立银行账户，一般需要开立两个：

(1) 开户行：中国工商银行北京东升路支行，一般存款账户，账号：020000620901335698；
(2) 开户行：中国邮政储蓄银行北京东升路支行，基本账户，账号：91220013010000001123。

1.1.2 企业涉税事项

(1) 该企业为一般纳税人，适用的增值税税率为13%。

(2) 以企业实际缴纳的增值税、消费税税额为计征依据，计缴城市维护建设税，税率为7%，教育费附加税率为3%。

(3) 企业所负担的房产税、车船使用税、城镇土地使用税、印花税、关税等根据国家税法规定计提缴纳。

(4) 企业所计提的职工养老保险金、工伤保险金、生育保险金、医疗保险金、失业险和住房公积金（“五险一金”）分别按企业核准的全员工资总额的16%、0.5%、0.8%、10%、2%和11%计算。

(5) 企业所计提的职工工会经费、职工福利费和职工教育经费分别按应付职工薪酬总额的2%、14%和8%计算。企业发生的职工福利费，在实际发生时根据实际发生额计入当期损益或相关资产成本。职工福利费为非货币性福利的，应当按照公允价值计量。

(6) 企业适用的所得税税率为25%，企业采用按年汇算清缴、分季预缴的方式申报缴纳企业所得税。

1.1.3 企业利润分配

(1) 税前利润弥补以前年度亏损，期限不得超过5年。
(2) 盈余公积提取比例为：法定盈余公积10%，任意盈余公积5%。

1.1.4 企业的会计核算形式

企业采用科目汇总表会计核算形式，在每月最后一天编制科目汇总表，并登记总账。

企业财务管理制度及内部会计核算管理办法

1.2.1 企业财务管理制度

1. 总则

为加强财务管理工作，根据国家有关法律、法规，结合公司具体情况制定相关规定。

财务管理工作贯彻“勤俭办企业”的方针，勤俭节约，精打细算，在企业经营中禁止铺张浪费和避免一切不必要的开支，降低消耗，增加积累。

2. 财务机构与会计人员

（1）公司设立财务部，财务部经理协助总经理管理好财务工作。

（2）出纳不得兼管会计档案保管和债权、债务账目的登记工作。

（3）财务人员要认真执行岗位责任制，各司其职，相互配合，如实反映和严格监督各项经济业务活动。记账、报税必须做到手续完备、内容真实、数字准确、账目清楚、日清月结。

（4）财务人员在办理会计事务时，必须坚持原则，照章办事。对于违反财务制度的事项，必须拒绝付款，拒绝报销或执行，并及时向总经理报告。

（5）财务人员力求稳定，不随便调动。财务人员调动工作或因故离职，必须与接替人员办理交接手续。没有办清交接手续的，不得离职，也不得中断会计工作。移交工作包括移交人经管的会计凭证、报表、账目、款项、公章、实物及未了事项等。移交工作必须由财务人员监交。

3. 企业资金、现金、费用的管理

（1）财务部要加强对资产、现金及费用开支的管理，防止损失，杜绝浪费，提高效益。

（2）银行账户必须遵守银行的规定开设和使用。银行账户只供本单位经营业务收支结算使用，严禁借账户供外单位或个人使用，严禁为外单位或个人代收代支、转账套现。

（3）银行账户的账号必须保密，非因业务需要不准外泄。

（4）银行账户印鉴的使用实行分管并用制，不准由一人统一保管使用。

（5）银行账户往来应逐笔登记入账，不准多笔汇总登记，也不准以收抵支。按月与银行对账单核对，对未达账款，应编制银行存款余额调节表。

（6）根据已获批准签订的合同付款，不得改变支付方式和用途；非经收款单位书面正式委托并经主管经理批准，不准改变收款单位（人）。

（7）现金收支做到日清日结，确保库存现金的账面余款与实际库存额相符。

（8）费用报销具体审批制度如下：

1）正常费用开支，必须有正式发票，印章齐全，有经手人、部门负责人签名，按制度规定审批后，方可报销付款。

2）财务人员对不真实、不合法的原始凭证，不予受理；对记载不准确、不完整的原始凭证，予以退回，要求更正、补充。

3）财务人员发现账簿记录与实物、款项不符时，应及时向主管经理或总经理报告，并请求查明原因，做出处理。

4. 发票、支票、会计档案的管理

（1）发票的领用和保管。

1）发票由出纳人员专人保管、专柜存放。

2）原则上应在结账时开具发票并由经办人签字。公司经营部门人员外出结款需提供

发票的，由经营部门经理同意后，方可办理开票手续，并于15日内完成款项结算工作。

3）发票要序时、按序号开具，不得虚开、代开、跳号开发票，不得开“大头小尾”发票；发票作废时，必须一式三联加盖“作废”戳记章。

（2）支票的管理。

1）建立支票领用登记簿，凡领用支票必须履行手续，出纳员登记、经办人签字。

2）领用空白支票，需先填写领用申请单，领导批准后方可领取支票。支票作废，经办人须将支票交出纳注销，未经出纳注销的支票由领用人负责。

3）签发空白支票必须填写日期和用途。作废支票必须加盖作废章，并妥善保管。

4）接收业务单位转账，出纳人员应及时办理转账业务，不得由他人代办。

（3）会计档案的管理。

1）凡是本公司的会计凭证、会计账簿、会计报表、会计文件和其他有保存价值的资料，均应归档。

2）会计凭证应按月、按编号顺序每月装订成册，标明月份、季度、起止年、号数、单据张数，由会计及有关人员签名盖章（包括制单、审核、记账、主管），由主管经理指定专人归档保存，归档前应加以装订。

3）会计档案不得携带外出，凡查阅、复制、摘录会计档案，须经总经理批准。

5. 库存物品的管理

（1）物品入库、验收、登记和领用时须办理相应手续。

（2）按类别建立库存物品明细账，确保账物相符、账账相符。

（3）按照常备物品的用量情况，向部门申购人提供需求建议。

（4）对交还的物品分门别类，分别上账入库。

（5）保证库房物品的存放安全，严防物品霉烂变质及发生火灾、盗窃、爆炸等事故，定期对库房进行清理，保证库存物品堆放有序、领用科学。

（6）对库存物品要做到心中有数，必要时提供使用建议。

（7）按季度对公司物品进行盘点、清理，并就报损维修事宜提出建议。

6. 其他事项

（1）及时报送财务会计报表和其他财务资料。

（2）积极参与资金的筹措工作，通过筹措资金的活动，尽量使资金结构趋于合理，以期达到最优化。

（3）配合业务部门进行财务监督管理活动。

（4）接受上级部门会计检查指导，并按其要求不断完善财务制度，改进财务会计工作。

1.2.2 内部会计核算管理办法

1. 会计核算管理原则

（1）企业会计核算遵守《中华人民共和国会计法》。企业会计制度根据《小企业会计准则》等相关财经法规制定。企业会计严格执行相关法律、法规；遵守会计核算一般原则，以及会计凭证和账簿、内部审计和财产清查、成本核算等事项的相关规定。

（2）记账基础采用权责发生制，记账方法采用借贷记账法，以人民币为记账本位币。

➢ 2. 货币资金的管理

（1）库存现金管理。

1）公司财务部库存现金控制在核定限额 3 万元以内。

2）严格执行现金盘点制度，做到日清日结，保证现金安全。现金遇有长短款，应及时查明原因，报告领导。

3）不准白条抵库，不准私自挪用、占用和借用公司现金。要妥善保管保险箱内存放的现金和有价证券，私人财物不得存放于保险箱内。

（2）银行存款管理。

1）必须遵守中国人民银行的规定，办理银行基本账户和一般存款账户的开户手续与公司各种银行结算业务。

2）必须认真贯彻执行《中华人民共和国中国人民银行法》《中华人民共和国票据法》等相关的结算管理制度。

3）公司应按每个银行开户账号建立银行存款日记账，出纳应及时将公司银行存款日记账与银行对账单逐笔进行核对，并于每月月末编制银行存款余额调节表。

4）空白银行支票与预留印鉴必须实行分管制度。

➢ 3. 往来账管理

（1）应收账款的管理。为加强应收账款的管理，应收账款要按客户设置二级科目，详细、序时地记载与客户的往来情况，月末与客户进行核对。应收票据应建立明细台账，到期票据及时兑付，背书转出票据应及时登记清楚。

（2）借款的管理。公司各部门的出差借款、各部门业务用款应于业务发生后一周内报销。

（3）应付账款的管理。为加强应付账款的管理，应付账款要按供应商设置二级科目。定期与供应商进行核对，保证账账相符。

➢ 4. 存货核算管理

存货采用实际成本法核算。

（1）设立库存商品数量金额明细账，记录库存商品的收发情况，并及时结算出结存数量和金额。

（2）分产品种类核算成本，并将其作为实际成本。

（3）库存商品与材料日常收发按月末一次加权平均法核算，一律以出库单的形式出库，在出库单上一般须注明产品的名称、数量、领用部门等。

（4）每月月末及年终需对库存商品进行盘点，务必做到账、表、物三者相符。在盘点中若发现盘盈、盘亏、损毁、变质等情况，应及时查明原因。若为因管理不善造成的或无法查明原因的盘盈、盘亏，经相关领导审批后，计入当期损益。

（5）低值易耗品领用时采用一次摊销法。

5. 固定资产核算管理

（1）公司将使用年限在1年以上、价值在5 000元以上的资产作为固定资产。固定资产分为四大类：房屋及其他建筑物（使用年限20年）；其他设备（使用年限5年）；运输工具（使用年限4年）；电子设备（使用年限3年）。

（2）固定资产按5%计算净残值。固定资产计提完折旧后仍可继续使用的，不再计提折旧；提前报废的固定资产，不再计提折旧。

（3）购入的固定资产，以买价加运输、装卸、包装、保险等费用作为原值。需安装的固定资产，还应包括安装费用。作为投资的固定资产，应以投资协议约定的价格作为原值。

（4）将固定资产分类，设二级科目进行明细核算。

（5）提取固定资产折旧均采用直线法。固定资产的中小修理费用，直接计入当月的有关费用。

（6）固定资产必须由财务部会同办公室每年盘点一次，对盘盈、盘亏、报废固定资产的计价，必须严格审查，按规定经批准后，于年度决算时处理完毕。

1）盘盈的固定资产，以重置完全价值作为原价，按新旧程度估算累计折旧入账，重置价与折旧差额通过“以前年度损益调整”科目核算。

2）盘亏的固定资产，应冲减原价和累计折旧，原价减累计折旧后的差额作为营业外支出处理。

3）报废的固定资产的变价收入（减除清理费用后的净额）与固定资产净值的差额，若为收益，则转入营业外收入；若为损失，则作为营业外支出处理。

4）固定资产的购入、出售、清理、报废都要办理会计手续，并设置固定资产明细账进行核算。

6. 无形资产核算管理

期初，公司拥有一项非专利技术，将其作为无形资产，采用直线摊销法，尚有60个摊销期。

7. 期间费用核算管理

期间费用包括管理费用、销售费用和财务费用。公司为组织和管理经营活动中所发生的各种费用，记入“管理费用”科目；公司在销售商品和材料、提供劳务的过程中发生的各种费用，记入“销售费用”科目；公司在经营活动过程中为筹集资金而发生的各项费用，如银行手续费、利息等，记入“财务费用”科目。

8. 税金核算管理

（1）公司为一般纳税人，应交增值税分别按“进项税额”“销项税额”“进项税额转出”“已交税金”“转出未交增值税”等设置三级明细科目。月份终了，计算当月应交未交增值税，次月申报缴纳上月应交的增值税。

（2）公司按照我国税法的规定计算应交的各种税费，包括增值税、企业所得税、城市维护建设税、教育费附加、地方教育费附加以及代扣代缴的个人所得税等。公司按应交的税费进行明细核算。

9. 成本核算管理

（1）核算规则。

1）审核各项要素费用。即审核费用是否应该开支；应开支的费用是否应计入生产成本。

2）按照权责发生制的要求，将应由本月负担的费用计入生产成本和管理费用。

3）将计入本月的生产成本在各种产品之间进行分配，并按成本项目反映在各产品成本计算单中，核算采用品种法和分步法相结合。

4）对于既有完工产品又有在产品的产品，将月初在产品生产费用与本月生产费用之和，在本月完工产品和月末在产品之间进行分配，计算出完工产品和在产品的成本。

（2）核算账户。

1）设置“基本生产成本”账户。该账户用以核算基本生产所发生的各种生产费用。基本生产所发生的各项费用记入该账户的借方，完工入库的产品成本记入该账户的贷方，该账户的余额为基本生产在产品的成本。该账户应根据管理要求按车间及产品品种设置明细账。

2）设置“辅助生产成本”账户。该账户用以核算辅助生产所发生的各种生产费用。辅助生产所发生的各项费用记入该账户的借方，完工入库的成本或分配转出的劳务费用记入该账户的贷方，该账户的余额为辅助生产在产品的成本。该账户按辅助生产车间设置明细账。

3）设置“制造费用”账户。制造费用是指工业企业为生产产品（或提供劳务）而发生，应该计入产品成本但没有专设成本项目的各项生产费用。制造费用一般是辅助车间发生的，包括机物料消耗、工资及福利费、折旧费、修理费、租赁（不包括融资租赁）费、保险费、低值易耗品摊销、水电费、取暖费、运输费、劳动保护费、设计制图费、实验检验费、差旅费、办公费、在产品盘亏、毁损和报废（减盘盈），以及季节性和修理期间的损失等。发生的上述费用应记入该账户的借方，月末从贷方分配转出，一般情况下该账户月末无余额。该账户按车间设置明细账。

实训二

企业一般经济业务的会计确认与计量

实训目的

将会计核算理论与实践融合，巩固、深化已经学过的理论知识，培养实践能力。

实训内容

对经济业务按会计要素分类并进行会计确认与计量，根据原始凭证登记记账凭证，做出会计处理。

实训方法

线下与线上实操练习。

实训要求

了解企业每月日常经济业务的类型；掌握日常经济业务的会计处理方法和工作流程。

所有者权益类业务

实收资本的核算

【业务 1】20××年 12 月 1 日，公司收到投资者张浩追加投资 500 000 元，认缴注册资本。

【业务票据】如图 2－1、图 2－2 所示。

ICBC 中国工商银行　　凭证

业务回单（收款）

日期：20××年12月01日　　回单编号：17076000001

付款人户名：张浩　　付款人开户行：中国工商银行北京上地支行

付款人账号（卡号）：020033631710011431

收款人户名：北京浩天科技开发有限公司　　收款人开户行：中国工商银行北京东升路支行

收款人账号（卡号）：020000620901335698

金额：伍拾万元整　　小写：500000.00元

业务（产品）种类：　　凭证种类：000000000　　凭证号码：0000000000000000

摘要：股东投资款　　用途：　　币种：人民币

交易机构：0030200150　　记账柜员：00023　　交易代码：52093　　渠道：其他

附言：

支付交易序号：24387675　报文种类：大额客户发起汇兑业务　委托日期：20××-12-01

业务类型（种类）：普通汇兑

本回单为第1次打印，注意重复　　打印日期：20××年12月01日　　打印柜员：9　　验证码：124DC42B2006

图 2－1　银行回单

投资协议

甲方：张浩

乙方：北京浩天科技开发有限公司

经甲乙双方协商，就甲方投资乙方发展产业，双方本着公平、平等、互利的原则订立合作协议如下：

第一条　甲方自愿以现金投资乙方。

第二条　投资方的出资方式、出资额和占股比例：甲方以现金作为出资，出资额50 万元人民币。

第三条　本协议各方的权利和义务。

1. 根据《公司法》的规定组成股东大会及董事会，投资方承诺公司的机构及其产生办法、职权、议事规则、法定代表人的担任和财务会计按照《公司法》等国家相关法律规定制定。具体内容见有限责任公司章程。

2. 投资方的责任以其投入资金比例为限。公司的税后利润按投资方对注册资本出资比例由投资方分享。

3. 未经双方书面同意不得擅自泄露本协议内容。

第四条　本协议的修改、变更和终止。

1. 本协议一经签订，投资方不得中途撤股、撤资。

2. 对本协议及其补充协议所做的任何修改、变更，须经双方共同在书面协议上签字方能生效。

第五条　违约责任。

投资方如不按期履行本协议约定的出资义务，则视为违约方单方终止本协议，违约方所出的投资金额将作为违约金赔偿给守约方。

第六条　争议的解决。

凡因执行本协议所发生的或与本协议有关的一切争议，双方应通过友好协商解决，如果协商不能解决，则任何各方均有权通过诉讼途径解决。

第七条　本协议未尽事宜，由双方另行签订补充协议，补充协议为本协议的有效组成内容部分，与本协议具有同等法律效力。本协议签订之前，双方之间所协商的任何协议内容与本协议内容有冲突的，以本协议所规定的内容为准。

第八条　本协议自双方各自签字之日起生效。一式两份，双方各执一份，每份具有同等法律效力。

甲方签名（公章）：张浩　　　　乙方签名（公章）：北京浩天科技开发有限公司

签订日期：20××年 12 月 01 日　　　　签订日期：20××年 12 月 01 日

图 2-2　投资协议复印件

【业务解析】根据相关收款单据和合同，编制记账凭证：

借：银行存款——中国工商银行北京东升路支行　　500 000

　贷：实收资本——张浩　　500 000

【业务 2】20××年 12 月 1 日，公司收到李绅作为追加投资投入的非专利技术（ERP 系统）一项，合同约定价值为 500 000 元，按合同约定价值入账，合同约定价值与公允价值相符。

【业务票据】如图 2-3、图 2-4、图 2-5 所示。

非货币财产转移确认书

转出方：李绅

接受方：北京浩天科技开发有限公司

根据 北京浩天科技开发有限公司 章程的规定，转出方已于 20××年 12 月 01 日将 非专利技术（ERP 系统） 财产，价值人民币 50 万元，移交给接受方。

转出方：李绅

接受方：北京浩天科技开发有限公司全体股东

法人股东签章：王天明　　　　自然人股东签章：李绅

日期：20××年 12 月 1 日

图 2-3　非货币财产转移确认书

111001371058 北京增值税普通发票 No 19207164 111001371058
代开 发票联 19207164
校验码：28739 35784 59104 18237 开票日期：20××年12月01日

购买方	名称：北京浩天科技开发有限公司 纳税人识别号：91110109600356920X 地址、电话：北京市海淀区知春路62号 010-5128765 开户行及账号：中国工商银行北京东升路支行 020000620901335698				密码区	1285444766</3/-4761>><9>>828 /><8+81*5<<29371-+2/-74/** *2662/4375>76</7/-16753>99< >*+9>010-/1<1158682>5+984403		
货物或应税劳务、服务名称	规格型号	单位	数量	单价		金额	税率	税额
*软件服务*ERP系统		套	1	485436.89		485436.89	3%	14563.11
合计						¥485436.89		¥14563.11
价税合计（大写）	⊗伍拾万元整					（小写）¥500000.00		
销售方	名称：国家税务总局北京市海淀区税务局办税服务厅一（代开）（代开机关） 纳税人识别号：11201040100 （代开机关） 地址、电话：海淀区 开户行及账号： （完税凭证号）				备注	代开人身份证号：120101196607133855 代开人姓名：李绅 高新技术产业园区华苑产业区榕苑路11号		

收款人： 复核： 开票人：孙杰 销售方：（章）

税总函〔20××〕341号 北京印钞有限公司

第二联：发票联 购买方记账凭证

国家税务总局北京市海淀区税务局代开发票专用章（1）11201040100

图 2-4 增值税普通发票

投资协议

甲方：李绅

乙方：北京浩天科技开发有限公司

经甲乙双方协商，就甲方投资乙方发展产业，双方本着公平、平等、互利的原则订立合作协议如下：

第一条 甲方自愿以非专利技术（ERP 系统）投资乙方。

第二条 投资方的出资方式、出资额和占股比例：甲方以非专利技术（ERP 系统）作为出资，出资额 50 万元人民币。

第三条 本协议各方的权利和义务。

1. 根据《公司法》的规定组成股东大会及董事会，投资方承诺公司的机构及其产生办法、职权、议事规则、法定代表人的担任和财务会计按照《公司法》等国家相关法律规定制定。具体内容见有限责任公司章程。

2. 投资方的责任以其投入资金比例为限。公司的税后利润按投资方对注册资本出资比例由投资方分享。

3. 未经双方书面同意不得擅自泄露本协议内容。

第四条 本协议的修改、变更和终止。

1. 本协议一经签订，投资方不得中途撤股、撤资。

2. 对本协议及其补充协议所做的任何修改、变更，须经双方共同在书面协议上签字方能生效。

第五条 违约责任。

投资方如不按期履行本协议约定的出资义务，则视为违约方单方终止本协议，违约方所出的投资金额将作为违约金赔偿给守约方。

第六条 争议的解决。

凡因执行本协议所发生的或与本协议有关的一切争议，双方应通过友好协商解决，如果协商不能解决，则任何各方均有权通过诉讼途径解决。

第七条 本协议未尽事宜，由双方另行签订补充协议，补充协议为本协议的有效组成内容部分，与本协议具有同等法律效力。本协议签订之前，双方之间所协商的任何协议内容与本协议内容有冲突的，以本协议所规定的内容为准。

第八条 本协议自双方各自签字之日起生效。一式两份，双方各执一份，每份具有同等法律效力。

甲方签名（公章）：李绅　　乙方签名（公章）：北京浩天科技开发有限公司

签订日期：20××年 12 月 01 日　　签订日期：20××年 12 月 01 日

图 2-5 投资协议复印件

【业务解析】根据相关单据和协议，编制记账凭证：

借：无形资产——非专利技术　　500 000

　贷：实收资本——李绅　　500 000

2.2 资产类业务

2.2.1 应收及预付款项

【业务 3】20××年 12 月 18 日，公司向北京仪表研究院出售换带装置 100 套，每套不含税单价 7 500 元，增值税税率为 13%；货已发出，收到对方开具的银行承兑汇票。

【业务票据】如图 2－6、图 2－7、图 2－8 所示。

北京增值税专用发票

1100533112　　　　此联不作报销、扣税凭证使用　　　　No 12180007　1100533112　12180007

开票日期：20××年12月18日

购买方	名称：北京仪表研究院 纳税人识别号：911101027915351622 地址、电话：北京市西城区广义街5号　010-6651615 开户行及账号：中国工商银行北京西四支行 020000280920005687	密码区	028/<6127<3-7*71-/<>6-*751/ 933*<75563/1+<5821<25367348 -2>*3258+7937<3>>/2199275+/ >10<=*1*636/7295->58+9<4**7

货物或应税劳务、服务名称	规格型号	单位	数量	单价	金额	税率	税额
*工业仪表*换带装置		套	100	7500.00	750000.00	13%	97500.00
合计					¥750000.00		¥97500.00
价税合计（大写）	⊗捌拾肆万柒仟伍佰元整				（小写）¥847500.00		

销售方	名称：北京浩天科技开发有限公司 纳税人识别号：91110109600356920X 地址、电话：北京市海淀区知春路62号　010-5128765 开户行及账号：中国工商银行北京东升路支行 020000620901335698	备注	

收款人：王明　　复核：乔娜　　开票人：王明　　销售方：（章）

税总函〔20××〕341号北京印钞有限公司

第一联：记账联　销售方记账凭证

图 2－6　增值税专用发票

银行承兑汇票

2　31200015
22093156

出票日期（大写）　贰零××　年　壹拾贰月　壹拾捌　日

出票人全称	北京仪表研究院	收款人	全　称	北京浩天科技开发有限公司
出票人账号	020000280920005687		账　号	020000620901335698
付款行全称	中国工商银行北京西四支行		开户银行	中国工商银行北京东升路支行
出票金额	人民币（大写）捌拾肆万柒仟伍佰元整		亿千百十万千百十元角分	¥ 8 4 7 5 0 0 0 0
汇票到期日（大写）	贰零××年零伍月壹拾柒日	付款行	行号	102100000281
承兑协议编号	10550610000015-032		地址	北京市西城区西四大街99号
本汇票请你行承兑，到期无条件付款。 北京仪表研究院 财务专用章　张亮 印 出票人签章		本汇票已经承兑 到期日本行付款 承兑行签章 承兑日期20××年12月18日		密押 27162052001
		备注：		复核 吴军　记账 周媛

此联收款人开户行随托收凭证寄付款行作借方凭证附件

图 2-7　银行承兑汇票复印件

销售出库单

客户名称：　北京仪表研究院　　联系电话：　010-6651615　　No. ck20181218005

客户地址：　北京市西城区广义街5号　　制单日期：20××年12月18日

序号	批号	品名／规格	单位	数量	单价	金额	有效期	备注
		换带装置	套	100	8475.00	847500.00		
总额（大写）：捌拾肆万柒仟伍佰元整				总额（小写）：¥847500.00				

北京浩天科技开发有限公司 送货专用章

制单：李峰　　库管：赵强　　业务：李峰　　复核：王瑞　　经理审核：张晨　　客户验收：王刚

图 2-8　销售出库单

【业务解析】根据相关单据，编制记账凭证：

借：应收票据——北京仪表研究院　　847 500

　贷：主营业务收入——换带装置　　750 000

　　　应交税费——应交增值税——销项税额　　97 500

【业务 4】20××年 12 月 13 日，销售给北京博特科技有限公司电控装置 20 套，每套不含税售价 8 000 元，增值税税率为 13%；货已发出，对方开具商业承兑汇票。

【业务票据】如图 2-9、图 2-10、图 2-11、表 2-1 所示。

北京增值税专用发票

此联不作报销、扣税凭证使用

No12130004　1100533112
12130004
开票日期：20××年12月13日

税总函〔20××〕341号北京印钞有限公司

购买方	名称：北京博特科技有限公司 纳税人识别号：91110116102581779K 地址、电话：北京市西城区礼士路33号　010-69685569 开户行及账号：中国工商银行北京礼士路支行　020000361920117246				密码区	059634766</3/-4761>><9>>828 /><8+81*5<<29371-++2/-74/** *2662/4375>76</7/-16753>99< >*+9>010-/1<126182>5+984403		
货物或应税劳务、服务名称		规格型号	单位	数量	单价	金额	税率	税额
*电工仪器仪表*电控装置			套	20	8000.00	160000.00	13%	20800.00
合计						￥160000.00		￥20800.00
价税合计（大写）		⊗壹拾捌万零捌佰元整				（小写）￥180800.00		
销售方	名称：北京浩天科技开发有限公司 纳税人识别号：91110109600356920X 地址、电话：北京市海淀区知春路62号　010-5128765 开户行及账号：中国工商银行北京东升路支行　020000620901335698				备注			

收款人：王明　　复核：乔娜　　开票人：王明　　销售方：（章）

第一联：记账联　销售方记账凭证

图2-9　增值税专用发票

商业承兑汇票　2

出票日期（大写）　贰零××年　壹拾贰月壹拾叁日

票01122213号

付款人	全称	北京博特科技有限公司		收款人	全称	北京浩天科技开发有限公司	
	账号	020000361920117246			账号	020000620901335698	
	开户行	中国工商银行北京礼士路支行	行号 102100009582		开户行	中国工商银行北京东升路支行	行号 102100000626
出票金额	人民币（大写）壹拾捌万零捌佰元整					千百十万千百十元角分	￥180800 00
汇票到期日	贰零××年零叁月壹拾叁日			交易合同号码		CS201812130001	
本汇票已经承兑，到期无条件支付票款。 北京博特科技有限公司财务专用章　李伟印博 承兑人签章 承兑日期　20××年12月13日				本汇票请予以承兑，于到期日付款。 北京博特科技有限公司财务专用章　李伟印博 出票人签章			

此联持票人开户行委托收凭证寄付款人开户行作借方凭证附件

图2-10　商业承兑汇票复印件

销售出库单

客户名称：　北京博特科技有限公司　　　联系电话：　010-69685569　　　No. ck20181213003

客户地址：　北京市西城区礼士路33号　　　制单日期：20××年12月13日

序号	批号	品名/规格	单位	数量	单价	金额	有效期	备注
		电控装置	套	20	9040.00	180800.00		
总额（大写）：壹拾捌万零捌佰元整				总额（小写）：¥180800.00				

北京浩天科技开发有限公司 送货专用章

制单：李峰　　库管：赵强　　业务：李峰　　复核：王瑞　　经理审核：张晨　　客户验收：程平

图 2－11　销售出库单

表 2－1　产品成本计算表

20××年 12 月

商品购货商	发出日期	商品名称	数量	成本价	总成本	备注
北京博特科技有限公司	20××/12/13	电控装置	20	2 619.75	52 395.00	
合计			20		52 395.00	

【业务解析】根据相关单据，编制记账凭证：

借：应收票据——北京博特科技有限公司　　180 800

　贷：主营业务收入——电控装置　　160 000

　　　应交税费——应交增值税——销项税额　　20 800

结转产品成本：

借：主营业务成本——电控装置　　52 395

　贷：库存商品——电控装置　　52 395

【业务 5】20××年 12 月 15 日，北京仪表研究院开具的商业承兑汇票 150 000 元到期，委托银行收款。（期初数："应收票据——北京仪表研究院"科目借方余额 150 000 元）

【业务票据】如图 2－12、图 2－13 所示。

【业务解析】根据相关单据，编制记账凭证：

借：银行存款——中国工商银行北京东升路支行　　150 000

　贷：应收票据——北京仪表研究院　　150 000

【业务 6】20××年 12 月 1 日，公司持所收取的开票人为北京博特科技有限公司、出票日期为 10 月 31 日、期限为 3 个月、面值为 50 000 元的不带息商业承兑汇票一张到银行贴现。该公司与承兑人在同城，银行的年贴现率为 12%。

【业务票据】如图 2－14、图 2－15 所示。

商业承兑汇票 2

出票日期（大写） 贰零××年零玖月壹拾伍日 票01122215号

付款人	全称	北京仪表研究院		收款人	全称	北京浩天科技开发有限公司	
	账号	020000280920005687			账号	020000620901335698	
	开户行	中国工商银行北京西四支行	行号 102100000281		开户行	中国工商银行北京东升路支行	行号 102100000626
出票金额	人民币（大写）壹拾伍万元整					千百十万千百十元角分	￥1 5 0 0 0 0 0 0
汇票到期日	贰零××年壹拾贰月壹拾伍日			交易合同号码	CS201812150001		
本汇票已经承兑，到期无条件支付票款。 （北京仪表研究院财务专用章）（张亮印） 承兑人签章 承兑日期 20××年9月15日				本汇票请予以承兑，于到期日付款。 （北京仪表研究院财务专用章）（张亮印） 出票人签章			

此联持票人开户行委托收款凭证寄付款人开户行作借方凭证附件

图 2-12 商业承兑汇票复印件

ICBC 中国工商银行 托收凭证（受理回单） 1

委托日期 20××年 12 月 15 日

业务类型	委托收款（□邮划、□电划）			托收承付（□邮划、☑电划）		
付款人 全称	北京仪表研究院			收款人 全称	北京浩天科技开发有限公司	
账号	020000280920005687			账号	020000620901335698	
地址	北京 市县	开户行	中国工商银行北京西四支行	地址	北京 市县	开户行 中国工商银行北京东升路支行
金额	人民币（大写）壹拾伍万元整				亿千百十万千百十元角分	￥1 5 0 0 0 0 0 0
款项内容	货款	托收凭据名称	承兑汇票		附寄单证张数	一张
商品发运情况				合同名称号码	CS201412150001	
备注： 复核：赵磊 记账：李鑫	款项收妥日期 （北京浩天科技开发有限公司财务专用章）（王天明印） 20××年 12 月 15 日			收款人开户银行签章 （中国工商银行北京东升路支行 20××.12.15 受理凭证专用章 收妥抵用（01）） 20××年12月15日		

B610.324 175*100mm

此联作收款人开户银行给收款人的受理回单

图 2-13 托收凭证

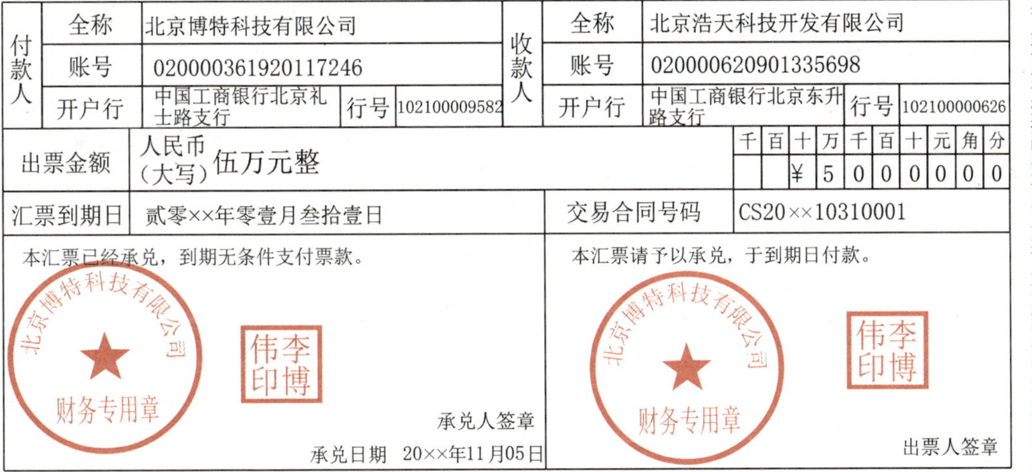

商业承兑汇票　2

出票日期（大写）　贰零××　年　壹拾　月叁拾壹日　　　票01122211号

付款人				收款人			
全称	北京博特科技有限公司			全称	北京浩天科技开发有限公司		
账号	020000361920117246			账号	020000620901335698		
开户行	中国工商银行北京礼士路支行	行号	102100009582	开户行	中国工商银行北京东升路支行	行号	102100000626

出票金额	人民币（大写）伍万元整	千	百	十	万	千	百	十	元	角	分
				¥	5	0	0	0	0	0	0

汇票到期日	贰零××年零壹月叁拾壹日	交易合同号码	CS20××10310001

本汇票已经承兑，到期无条件支付票款。（北京博特科技有限公司财务专用章）（李博伟印）承兑人签章　承兑日期　20××年11月05日

本汇票请予以承兑，于到期日付款。（北京博特科技有限公司财务专用章）（李博伟印）出票人签章

此联持票人开户行委托收凭证寄付款人开户行作借方凭证附件

图 2－14　商业承兑汇票复印件

ICBC 中国工商银行 INDUSTRIAL AND COMMERCIAL BANK OF CHINA

贴现凭证（受理回单）

No. 251356

申请日期　20××年　12　月　01　日

贴现汇票	种类	商业承兑汇票	号码	01122211	持票人	名称	北京浩天科技开发有限公司
	出票日	20××年 10 月 31 日				账号	020000620901335698
	到期日	20××年 01 月 31 日				开户银行	中国工商银行北京东升路支行
汇票承兑人	名称	北京博特科技有限公司	账号	020000361920117246		开户银行	中国工商银行北京礼士路支行

汇票金额	人民币（大写）伍万元整	千	百	十	万	千	百	十	元	角	分
				¥	5	0	0	0	0	0	0

贴现率	12%	贴现利息	千	百	十	万	千	百	十	元	角	分
						¥	1	0	0	0	0	0

实付贴现金额	千	百	十	万	千	百	十	元	角	分
			¥	4	9	0	0	0	0	0

附随承兑汇票申请贴现，请审核。（北京浩天科技开发有限公司财务专用章）（王天明印）持票人签章

银行审批　负责人　段晓峰　信贷员　刘玲玲

备注：（中国工商银行股份有限公司北京东升路支行业务办讫章（05））复核　李明光　记账　董风

第一联　银行作贴现借方凭证

图 2－15　银行贴现凭证

【业务解析】根据相关单据，编制记账凭证：

借：银行存款——中国工商银行北京东升路支行　　49 000

　　财务费用——贴现利息支出　　1 000

　贷：应收票据——北京博特科技有限公司　　50 000

拆分 1：

借：银行存款——中国工商银行北京东升路支行 49 000

贷：应收票据——北京博特科技有限公司 49 000

拆分 2：

借：财务费用——贴现利息支出 1 000

贷：应收票据——北京博特科技有限公司 1 000

【业务 7】20××年 12 月 3 日，公司收到北京博特科技有限公司前欠货款 75 000 元。（期初数："应收账款——北京博特科技有限公司"科目借方余额 75 000 元）

【业务票据】如图 2－16 所示。

ICBC 中国工商银行 凭证

业务回单（收款）

日期：20××年12月03日

回单编号：17076000001

付款人户名：北京博特科技有限公司 付款人开户行：中国工商银行北京礼士路支行
付款人账号（卡号）：020000361920117246
收款人户名：北京浩天科技开发有限公司 收款人开户行：中国工商银行北京东升路支行
收款人账号（卡号）：020000620901335698
金额：柒万伍仟元整 小写：75000.00元
业务（产品）种类： 凭证种类：000000000 凭证号码：000000000000000000
摘要：前欠货款 用途： 币种：人民币
交易机构：0030200150 记账柜员：00023 交易代码：52093 渠道：其他
附言：
支付交易序号：24387675 报文种类：大额客户发起汇兑业务 委托日期：20××-12-03
业务类型（种类）：普通汇兑

中国工商银行股份有限公司北京东升路支行 自主回单机专用章（003）

本回单为第1次打印，注意重复 打印日期：20××年12月03日 打印柜员：9 验证码：124DC42B2006

图 2－16 银行回单

【业务解析】根据相关收款单据，编制记账凭证：

借：银行存款——中国工商银行北京东升路支行 75 000

贷：应收账款——北京博特科技有限公司 75 000

【业务 8】20××年 12 月 10 日，公司与北京明辉科技发展有限公司签订采购合同，订购触摸屏 75 台，单价 1 050 元，预付货款 50 000 元。

【业务票据】如图 2－17、图 2－18 所示。

【业务解析】根据相关付款单据，编制记账凭证：

借：预付账款——北京明辉科技发展有限公司 50 000

贷：银行存款——中国工商银行北京东升路支行 50 000

【业务 9】20××年 12 月 2 日，北京明辉科技发展有限公司发出触摸屏 100 台，公司验收入库，每台 1 050 元，总价 105 000 元，增值税税率为 13%，以银行存款支付。

【业务票据】如图 2－19、图 2－20、图 2－21、图 2－22 所示。

付款申请单

付款单编号：fk20××1210001　　　　申请日期：　20×× 年 12 月 10 日

款项用途	采购原材料，预付北京明辉科技发展有限公司料款		
付款依据（合同名称/合同号）	HT-20××-0050	开票情况	□已开票　☑未开票　□其他
付款金额	人民币（大写）伍万元整		人民币（小写）¥50000.00
支付方式	□支票　□现金　☑银行转账　□其他		
收款单位	北京明辉科技发展有限公司	收款单位开户行	中国工商银行北京上地支行
收款账号	020033631710001234	联系电话	010-6298234

经手人：赵平　　财务经理：乔娜　　总经理：张晨　　领款人：赵平

图 2－17　付款申请单

ICBC 中国工商银行　　凭证

业务回单（付款）

日期：20××年12月10日　　回单编号：17072000010

付款人户名：北京浩天科技开发有限公司　　付款人开户行：中国工商银行北京东升路支行
付款人账号（卡号）：020000620901335698
收款人户名：北京明辉科技发展有限公司　　收款人开户行：中国工商银行北京上地支行
收款人账号（卡号）：020033631710001234
金额：伍万元整　　小写：50000.00元
业务（产品）种类：转账　　凭证种类：000000000　　凭证号码：0000000000000000
摘要：订购触摸屏　　用途：　　币种：人民币
交易机构：0030200112　　记账柜员：00010　　交易代码：87091　　渠道：中间业务后台方式

（印章：中国工商银行股份有限公司北京东升路支行 自主回单机专用章（003））

本回单为第2次打印，注意重复　　打印日期：20××年12月10日　　打印柜员：9　　验证码：E07E72FCA006

图 2－18　银行回单

付款申请单

付款单编号：fk20××1202001　　　　申请日期：　20×× 年 12 月 02 日

款项用途	采购原材料，支付北京明辉科技发展有限公司货款		
付款依据（合同名称/合同号）	HT-20××-0001	开票情况	□已开票　☑未开票　□其他
付款金额	人民币（大写）壹拾壹万捌仟陆佰伍拾元整		人民币（小写）¥118650.00
支付方式	☑支票　□现金　□银行转账　□其他		
收款单位	北京明辉科技发展有限公司	收款单位开户行	中国工商银行北京上地支行
收款账号	020033631710001234	联系电话	010-6298234

经手人：赵平　　财务经理：乔娜　　总经理：张晨　　领款人：赵平

图 2－19　付款申请单

ICBC 中国工商银行

凭证

业务回单（付款）

日期：20××年12月02日

回单编号：01804203

付款人户名：北京浩天科技开发有限公司 付款人开户行：中国工商银行北京东升路支行
付款人账号（卡号）：020000620901335698
收款人户名：北京明辉科技发展有限公司 收款人开户行：中国工商银行北京上地支行
收款人账号（卡号）：020033631710001234
金额：壹拾壹万捌仟陆佰伍拾元整 小写：118650.00元
业务（产品）种类：转账 凭证种类：000000000 凭证号码：10307968
摘要： 用途：购买触摸屏 币种：人民币
交易机构：0030200112 记账柜员：00010 交易代码：87091 渠道：中间业务后台方式

中国工商银行股份有限公司北京东升路支行 自主回单机专用章 （003）

本回单为第2次打印，注意重复 打印日期：20××年12月02日 打印柜员：9 验证码：E07E72FCA006

图 2-20 银行回单

北京增值税专用发票

1100533113 发票联 No 1220001 1100533113 1220001

开票日期：20××年12月02日

购买方	名称：北京浩天科技开发有限公司 纳税人识别号：91110109600356920X 地址、电话：北京市海淀区知春路62号 010-5128765 开户行及账号：中国工商银行北京东升路支行 020000620901335698	密码区	1201-2/5416</3/-4761>><9>>828 /><8+81*5<<29371-++2/-74/** *2662/4375>76</7/-16753>99< >*+9>010-/1<126182>5+984403

货物或应税劳务、服务名称	规格型号	单位	数量	单价	金额	税率	税额
*计算机外部设备*触摸屏		台	100	1050.00	105000.00	13%	13650.00
合计					¥105000.00		¥13650.00
价税合计（大写）	⊗ 壹拾壹万捌仟陆佰伍拾元整				（小写）¥118650.00		

销售方	名称：北京明辉科技发展有限公司 纳税人识别号：91110108742544810 1 地址、电话：北京市海淀区上地东里二区1号楼 010-6298234 开户行及账号：中国工商银行北京上地支行 020033631710001234	备注	北京明辉科技发展有限公司 911101087425448101 发票专用章

收款人：王一行 复核：丁红 开票人：王一行 销售方：（章）

税总函[20××]341号北京印钞有限公司

第三联：发票联 购买方记账凭证

图 2-21 增值税专用发票

入库单

供货单位：北京明辉科技发展有限公司 入库日期：20××年 12 月 02 日 入库单号：1112001
业务类型：采购入库 仓库：原材料仓库 备注：

序号	存货名称	单位	数量	单价	金额
	触摸屏	台	100	1 050.00	105 000.00
合计				105 000.00	

制单：张玲 库管：赵强 检验：张玲 复核：赵平 经理审核：张晨 供应商签字：王晓斌

图 2-22 入库单

【业务解析】根据相关单据，编制记账凭证：

借：原材料——触摸屏　　105 000

　　应交税费——应交增值税——进项税额　　13 650

　贷：银行存款——中国工商银行北京东升路支行　　118 650

【业务 10】20××年 12 月 9 日，采购部赵平报销预借差旅费 3 800 元，并退回余款 200 元。（期初数："其他应收款——赵平"科目借方余额 4 000 元）

【业务票据】如图 2－23～图 2－28 所示。

差旅费报销单

现金付讫

单位：北京浩天科技开发有限公司　　　　日期：20××年12月09日

部门				采购部			报销人		赵平		
起讫日期				天数	起讫地点		车船费	补助	住宿费	汽车	其他费用
月	日	月	日		起	止					
12	01	12	08	8	北京	天津	109.00		2818.00		873.00
费用小计							109.00		2818.00		873.00
报销合计（大写）叁仟捌佰元整							报销合计（小写）¥3800.00				
总经理			张春				财务经理		乔娜		

审核：乔娜　　　　会计：王明　　　　领款人：赵平

图 2－23　差旅费报销单

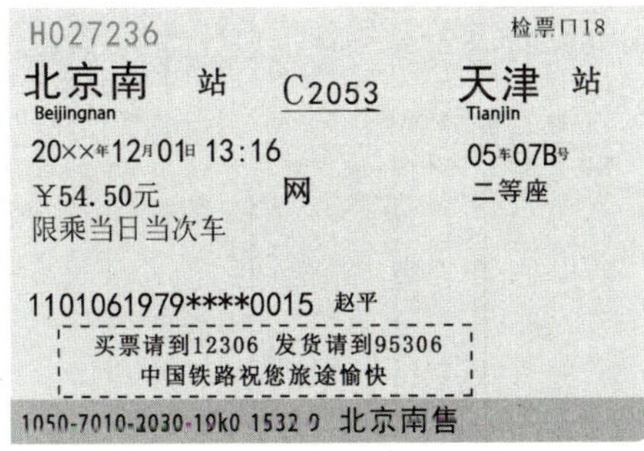

H027236　　检票口18

北京南 站 Beijingnan　C2053　天津 站 Tianjin

20××年12月01日 13:16　　05车07B号

¥54.50元　网　二等座

限乘当日当次车

1101061979****0015 赵平

买票请到12306 发货请到95306

中国铁路祝您旅途愉快

1050-7010-2030-19k0 1532 9 北京南售

图 2－24　动车票（去程）

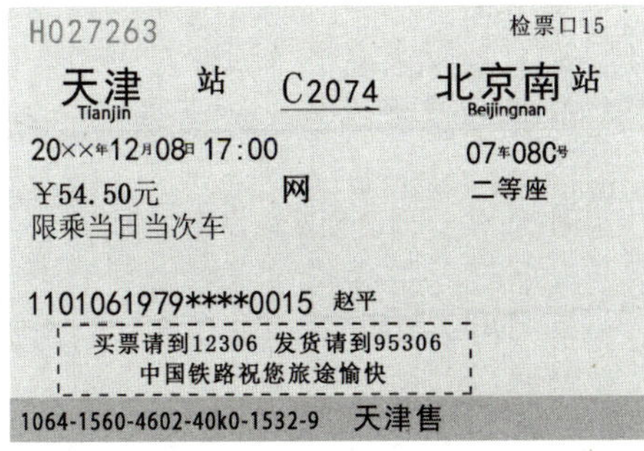

H027263　　检票口15

天津 站 Tianjin　C2074　北京南 站 Beijingnan

20××年12月08日 17:00　　07车08C号

¥54.50元　网　二等座

限乘当日当次车

1101061979****0015 赵平

买票请到12306 发货请到95306

中国铁路祝您旅途愉快

1064-1560-4602-40k0-1532-9 天津售

图 2－25　动车票（返程）

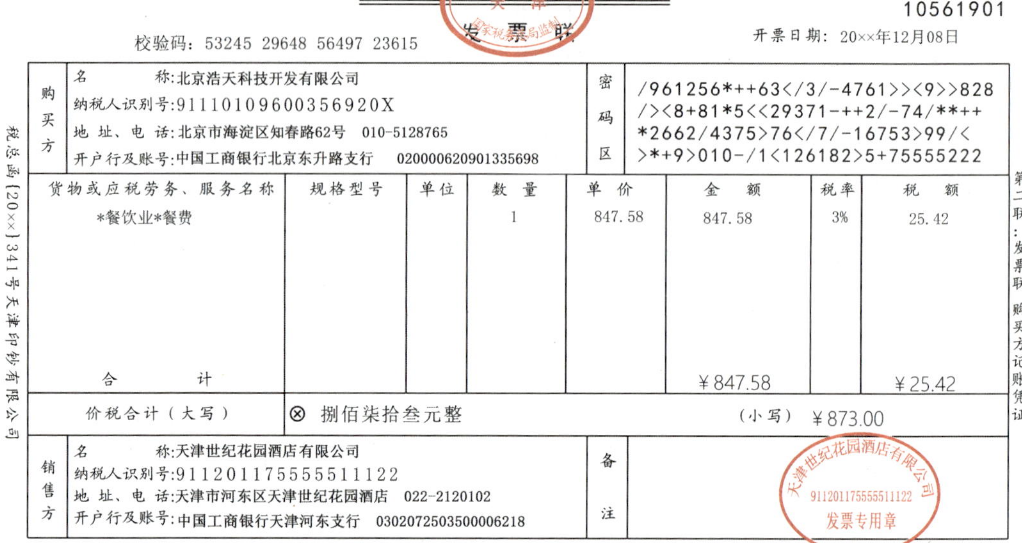

21201404068 天津市增值税普通发票 No 10561901 21201404068 10561901

发票联

校验码：53245 29648 56497 23615

开票日期：20××年12月08日

购买方 名称：北京浩天科技开发有限公司
纳税人识别号：91110109600356920X
地址、电话：北京市海淀区知春路62号 010-5128765
开户行及账号：中国工商银行北京东升路支行 020000620901335698

密码区
/961256*++63</3/-4761>><9>>828
/><8+81*5<<29371-++2/-74/**++
*2662/4375>76</7/-16753>99/<
>*+9>010-/1<126182>5+75555222

货物或应税劳务、服务名称	规格型号	单位	数量	单价	金额	税率	税额
*餐饮业*餐费			1	847.58	847.58	3%	25.42
合计					¥847.58		¥25.42
价税合计（大写）	⊗ 捌佰柒拾叁元整				（小写）¥873.00		

销售方 名称：天津世纪花园酒店有限公司
纳税人识别号：91120117555551112
地址、电话：天津市河东区天津世纪花园酒店 022-2120102
开户行及账号：中国工商银行天津河东支行 0302072503500006218

备注：天津世纪花园酒店有限公司 911201175555511122 发票专用章

收款人： 复核： 开票人：姜娜 销售方：（章）

税总函〔20××〕341号天津印钞有限公司

第二联：发票联 购买方记账凭证

图 2-26 增值税普通发票（餐费）

21201404068 天津市增值税普通发票 No 10561902 21201404068 10561902

发票联

校验码：53245 29648 56497 23615

开票日期：20××年12月08日

购买方 名称：北京浩天科技开发有限公司
纳税人识别号：91110109600356920X
地址、电话：北京市海淀区知春路62号 010-5128765
开户行及账号：中国工商银行北京东升路支行 020000620901335698

密码区
/961256*++63</3/-4761>><9>>828
/><8+81*5<<29371-++2/-74/**++
*2662/4375>76</7/-16753>99/<
>*+9>010-/1<126182>5+75555222

货物或应税劳务、服务名称	规格型号	单位	数量	单价	金额	税率	税额
*住宿业*房费			1	2735.92	2735.92	3%	82.08
合计					¥2735.92		¥82.08
价税合计（大写）	⊗ 贰仟捌佰壹拾捌元整				（小写）¥2818.00		

销售方 名称：天津世纪花园酒店有限公司
纳税人识别号：91120117555551112
地址、电话：天津市河东区天津世纪花园酒店 022-2120102
开户行及账号：中国工商银行天津河东支行 0302072503500006218

备注：天津世纪花园酒店有限公司 911201175555511122 发票专用章

收款人： 复核： 开票人：余芳 销售方：（章）

税总函〔20××〕341号天津印钞有限公司

第二联：发票联 购买方记账凭证

图 2-27 增值税普通发票（房费）

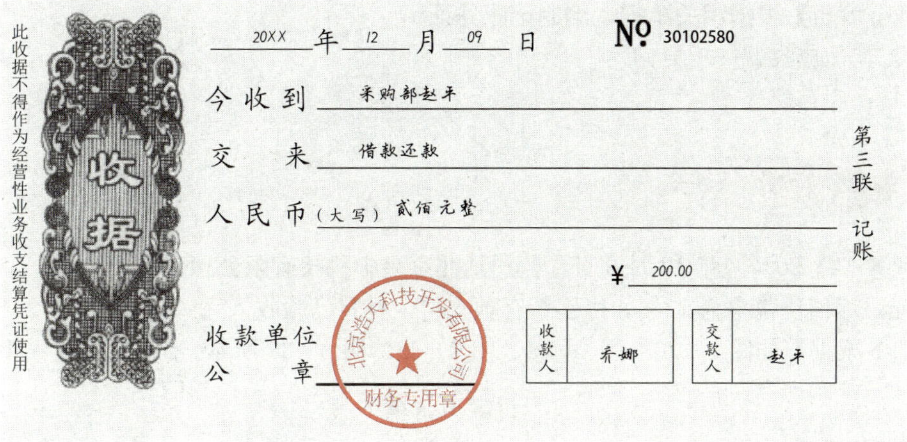

此收据不得作为经营性业务收支结算凭证使用

收据

20XX 年 12 月 09 日　　№ 30102580

今收到　采购部赵平

交来　借款还款

人民币（大写）贰佰元整

¥ 200.00

收款单位公章　北京浩天科技开发有限公司 财务专用章

收款人　乔娜　　交款人　赵平

第三联 记账

图 2-28　收据

【业务解析】根据相关单据，编制记账凭证：

借：管理费用——差旅费　3 791

　　库存现金　200

　　应交税费——应交增值税——进项税额　9

　贷：其他应收款——赵平　4 000

【政策解析】自 2019 年 4 月 1 日，纳税人取得的火车票、飞机票、汽车票等客票可以作为增值税进项税抵扣凭证。目前，暂允许注明旅客身份信息的客票才能作为进项税抵扣凭证。相关计算公式如下：

航空旅客运输进项税额＝（票价＋燃油附加费）÷（1＋9%）×9%

铁路旅客运输进项税额＝票面金额÷（1＋9%）×9%

公路、水路旅客运输进项税额＝票面金额÷（1＋3%）×3%

【业务 11】20××年 12 月 15 日，办公室吴韧借支差旅费 5 000 元，以现金支付。

【业务票据】如图 2-29 所示。

借款单　　现金付讫

单位：北京浩天科技开发有限公司　　日期：20××年 12 月 15日

部门	办公室	经手人	吴韧
用款方式	☑ 现金　☐ 支票　☐ 电汇　☐ 其他		
用途	预借差旅费		
借款金额（大写）伍仟元整		借款金额（小写）￥5000.00	
总经理	张晨	财务经理	乔娜

核算：乔娜　　会计：王明　　领款人：吴韧

图 2-29　借款单

【业务解析】根据相关单据，编制记账凭证：

借：其他应收款——吴韧　　5 000

　贷：库存现金　　5 000

2.2.2 存货

【业务 12】20××年 12 月 6 日，公司从北京兴中科技有限公司采购模块 350 个，单价 1 020 元，增值税税率为 13%，以银行存款支付，材料已验收入库。

【业务票据】如图 2－30、图 2－31、图 2－32、图 2－33 所示。

付款申请单

付款单编号：fk20××1202002　　　　申请日期：20×× 年 12 月 06 日

款项用途	采购原材料，支付北京兴中科技有限公司货款		
付款依据（合同名称/合同号）	HT-20××-0002	开票情况	□已开票　☑未开票　□其他
付款金额	人民币（大写）肆拾万零叁仟肆佰壹拾元整		人民币（小写）¥403410.00
支付方式	□支票　□现金　☑银行转账　□其他		
收款单位	北京中兴科技有限公司	收款单位开户行	中国工商银行北京大兴支行
收款账号	020001140902212238	联系电话	010-6128968

经手人：张玲　　财务经理：乔娜　　总经理：张晨　　领款人：张玲

图 2－30　付款申请单

1100533114　　**北京增值税专用发票**　　No 1213001　　1100533114

发票联　　1213001

开票日期：20××年12月06日

购买方	名称：北京浩天科技开发有限公司 纳税人识别号：91110109600356920X 地址、电话：北京市海淀区知春路62号　010-5128765 开户行及账号：中国工商银行北京东升路支行　020000620901335698				密码区	45649656++66</3/-4761>><9>>828 /><8+81*5<<29371-++2/-74/**6++ *2662/4375>76</7/-16753>99<5-* >*+9>010-/1<126182>5+984+--*403	
货物或应税劳务、服务名称	规格型号	单位	数量	单价	金额	税率	税额
*电工仪器仪表*模块		个	350	1020.00	357000.00	13%	46410.00
合　计					¥357000.00		¥46410.00
价税合计（大写）	⊗肆拾万零叁仟肆佰壹拾元整				（小写）¥403410.00		
销售方	名称：北京兴中科技有限公司 纳税人识别号：911101156646225601 地址、电话：北京市大兴区西西兴隆路28号　010-6128968 开户行及账号：中国工商银行北京大兴支行　020001140902212238				备注	北京兴中科技有限公司 911101156646225601 发票专用章	

税总函〔20××〕341号北京印钞有限公司

第三联：发票联　购买方记账凭证

收款人：王德　　复核：张娇　　开票人：李芳　　销售方：（章）

图 2－31　增值税专用发票

ICBC 中国工商银行

凭证

业务回单（付款）

日期：20××年12月06日

回单编号：01804206

付款人户名：北京浩天科技开发有限公司
付款人开户行：中国工商银行北京东升路支行
付款人账号（卡号）：0200006209013335698
收款人户名：北京兴中科技有限公司
收款人开户行：中国工商银行北京大兴支行
收款人账号（卡号）：0200011409022122238
金额：肆拾万零叁仟肆佰壹拾元整
小写：403410.00元
业务（产品）种类：转账　凭证种类：000000000
凭证号码：10307968
摘要：　用途：购入原材料
币种：人民币
交易机构：0030200112　记账柜员：00010　交易代码：87091
渠道：中间业务后台方式

中国工商银行股份有限公司北京东升路支行 自主回单机专用章（003）

本回单为第2次打印，注意重复　打印日期：20××年12月06日　打印柜员：9　验证码：E07E72FCA006

图 2-32 银行回单

入库单

供货单位：北京兴中科技有限公司　入库日期：20××年 12 月 06 日　入库单号：1112003

业务类型：采购入库　仓库：原材料仓库　备注：

序号	存货名称	单位	数量	单价	金额
	模块	个	350	1 020.00	357 000.00
合计					357 000.00

制单：张玲　库管：赵强　检验：张玲　复核：赵平　经理审核：张晨　供应商签字：王晓斌

图 2-33 入库单

【业务解析】根据相关单据，编制记账凭证：

借：原材料——模块　357 000

　应交税费——应交增值税——进项税额　46 410

　贷：银行存款——中国工商银行北京东升路支行　403 410

【业务 13】20××年 12 月 7 日，公司申请办理银行承兑汇票，用于支付苏州美创自动化技术有限公司货款。购入温度变送器 150 台，每台 180 元；压力变送器 280 台，每台 300 元，增值税税率为 13%，材料已验收入库。

【业务票据】如图 2-34、图 2-35、图 2-36、图 2-37 所示。

【业务解析】根据相关单据，编制记账凭证：

借：原材料——温度变送器　27 000

　　　　——压力变送器　84 000

　应交税费——应交增值税——进项税额　14 430

　贷：应付票据——苏州美创自动化技术有限公司　125 430

ICBC 中国工商银行

业务委托书 回执

委托人全称	北京浩天科技开发有限公司
委托人账号	020000620901335698
收款人全称	苏州美创自动化技术有限公司
收款人账号	3220198883605916161
金额	¥125430.00
委托日期	20XX年12月07日
此联为银行受理通知书。若委托人申请汇票或本票业务，应凭此联领取汇票或本票。	

该业务已提交中国工商银行北京东升路支行 待后续处理

图 2-34 业务委托书回执

1100533115 北京增值税专用发票 No 1207001 1100533115 1207001

发票联

开票日期：20××年12月07日

购买方	名称：北京浩天科技开发有限公司 纳税人识别号：91110109600356920X 地址、电话：北京市海淀区知春路62号 010-5128765 开户行及账号：中国工商银行北京东升路支行 020000620901335698			密码区	*/7/84/9656++66</3/-4761>><9>> /><8+81*5<<29371-++2/-74/**6++ *2662/4375>76</7/-16753>99<5-* >*+9>010-/1<126182>5+984+--*403		
货物或应税劳务、服务名称	规格型号	单位	数量	单价	金额	税率	税额
*电工仪器仪表*温度变送器		台	150	180.00	27000.00	13%	3510.00
*电工仪器仪表*压力变送器		台	280	300.00	84000.00	13%	10920.00
合计					¥111000.00		¥14430.00
价税合计（大写）	⊗壹拾贰万伍仟肆佰叁拾元整				（小写）¥125430.00		
销售方	名称：苏州美创自动化技术有限公司 纳税人识别号：913217115592897722 地址、电话：苏州工业园区星湖街28号 0512-6606765 开户行及账号：中国工商银行苏州工业园区支行 3220198883605916161			备注	苏州美创自动化技术有限公司 913217115592897722 发票专用章		

收款人：张三 复核：李四 开票人：张三 销售方：（章）

税总函〔20××〕341号北京印钞有限公司

第三联：发票联 购买方记账凭证

图 2-35 增值税专用发票

银行承兑汇票

2　31200015 22093156

出票日期（大写）　贰零××　年　壹拾贰月　零柒　日

<table>
<tr><td>出票人全称</td><td>北京浩天科技开发有限公司</td><td rowspan="3">收款人</td><td>全　称</td><td colspan="2">苏州美创自动化技术有限公司</td></tr>
<tr><td>出票人账号</td><td>020000620901335698</td><td>账　号</td><td colspan="2">3220198883605916161</td></tr>
<tr><td>付款行全称</td><td>中国工商银行北京东升路支行</td><td>开户银行</td><td colspan="2">中国工商银行苏州工业园区支行</td></tr>
<tr><td>出 票 金 额</td><td colspan="4">人民币（大写）壹拾贰万伍仟肆佰叁拾元整</td><td>亿 千 百 十 万 千 百 十 元 角 分
¥ 1 2 5 4 3 0 0 0</td></tr>
<tr><td>汇票到期日（大写）</td><td colspan="2">贰零××年零陆月零陆日</td><td rowspan="2">付款行</td><td>行号</td><td>102100000626</td></tr>
<tr><td>承兑协议编号</td><td colspan="2">10220630017-021</td><td>地址</td><td>北京市海淀区志新路30号</td></tr>
<tr><td colspan="2">本汇票请你行承兑，到期无条件付款。
北京浩天科技开发有限公司 财务专用章　明王印天
出票人签章</td><td colspan="3">本汇票已经承兑，到期日本行付款
中国工商银行北京东升路支行 102100000626 汇票专用章
承兑行签章
承兑日期 20××年12月07日</td><td>密押</td></tr>
<tr><td colspan="2"></td><td colspan="3">备注：</td><td>复核 李明光　记账 董凤</td></tr>
</table>

此联收款人开户行随托收凭证寄付款行作借方凭证附件

图 2－36　银行承兑汇票复印件

入库单

供货单位：苏州美创自动化技术有限公司　　入库日期：20××年 12 月 07 日　　入库单号：1112005

业务类型：采购入库　　仓库：原材料仓库　　备注：

序号	存货名称	单位	数量	单价	金额
1	温度变送器	台	150.00	180.00	27 000.00
2	压力变送器	台	280.00	300.00	84 000.00
合计					111 000.00

制单：张玲　　库管：赵强　　检验：张玲　　复核：赵平　　经理审核：张晨　　供应商签字：李军

图 2－37　入库单

【业务 14】20××年 12 月 6 日，公司从北京明辉科技发展有限公司采购触摸屏 180 台，每台 1 050 元，材料已验入库，已预付 50 000 元，剩余款项于 12 月 7 日以银行存款补付。

【业务票据】如图 2－38、图 2－39、图 2－40 所示。

【业务解析】根据相关单据，编制记账凭证：

借：原材料——触摸屏　　189 000

　　应交税费——应交增值税——进项税额　　24 570

　贷：预付账款——北京明辉科技发展有限公司　　50 000

　　　应付账款——北京明辉科技发展有限公司　　163 570

借：应付账款——北京明辉科技发展有限公司　　163 570

　贷：银行存款——中国工商银行北京东升路支行　　163 570

北京增值税专用发票

1100533113 No 1216005 1100533113 1216005

发 票 联

（全国统一发票监制章 北京 国家税务总局监制）

开票日期：20××年12月06日

购买方	名　　称：北京浩天科技开发有限公司 纳税人识别号：91110109600356920X 地 址、电 话：北京市海淀区知春路62号　010-5128765 开户行及账号：中国工商银行北京东升路支行　020000620901335698				密码区	*/7/84/9656++66</3/-4761>><9>> /><8+81*5<<29371-++2/-74/**6++ *2662/4375>76</7/-16753>99<5-* >*+9>010-/1<126182>5+984+--*403	
货物或应税劳务、服务名称	规格型号	单位	数量	单价	金额	税率	税额
*计算机外部设备*触摸屏		台	180	1050.00	189000.00	13%	24570.00
合　计					¥189000.00		¥24570.00
价税合计（大写）	⊗ 贰拾壹万叁仟伍佰柒拾元整				（小写）¥213570.00		
销售方	名　　称：北京明辉科技发展有限公司 纳税人识别号：911101087425448101 地 址、电 话：北京市海淀区上地东里二区1号楼　010-6298234 开户行及账号：中国工商银行北京上地支行　020033631710001234				备注	（北京明辉科技发展有限公司 911101087425448101 发票专用章）	

收款人：王一　　复核：丁红　　开票人：王一　　销售方：（章）

税总函〔20××〕341号北京印钞有限公司

第三联：发票联 购买方记账凭证

图 2-38 增值税专用发票

ICBC 中国工商银行　　凭证

业务回单（付款）

日期：20××年12月07日

回单编号：17072000001

付款人户名：北京浩天科技开发有限公司　　付款人开户行：中国工商银行北京东升路支行

付款人账号（卡号）：020000620901335698

收款人户名：北京明辉科技发展有限公司　　收款人开户行：中国工商银行北京上地支行

收款人账号（卡号）：020033631710001234

金额：壹拾陆万叁仟伍佰柒拾元整　　小写：163570.00元

业务（产品）种类：转账　　凭证种类：000000000　　凭证号码：0000000000000000

摘要：采购触摸屏　　用途：　　币种：人民币

交易机构：0030200112　　记账柜员：00010　　交易代码：87091　　渠道：中间业务后台方式

（中国工商银行股份有限公司北京东升路支行 自主回单机专用章（003））

本回单为第2次打印，注意重复　　打印日期：20××年12月07日　　打印柜员：9　　验证码：E07E72FCA006

图 2-39 银行回单

入库单

供货单位：北京明辉科技发展有限公司　　入库日期：20××年 12 月 06 日　　入库单号：1112004

业务类型：采购入库　　仓库：原材料仓库　　备注：

序号	存货名称	单位	数量	单价	金额
	触摸屏	台	180	1 050.00	189 000.00
合计					189 000.00

制单：张玲　　库管：赵强　　检验：张玲　　复核：赵平　　经理审核：张晨　　供应商签字：王晓斌

图 2-40 入库单

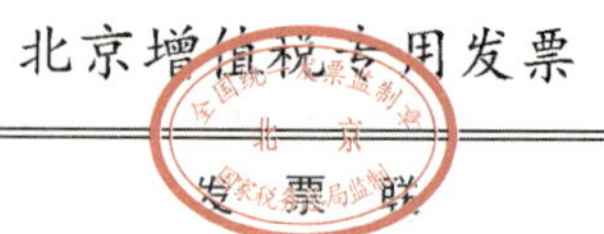

【业务 15】20××年 12 月 5 日，公司从北京明辉科技发展有限公司采购触摸屏 100 台，单价 1 050 元，款项已支付，材料已验收入库。

【业务票据】如图 2-41、图 2-42、图 2-43、图 2-44 所示。

【业务解析】根据相关单据，编制记账凭证：

借：原材料——触摸屏　105 000

　　应交税费——应交增值税——进项税额　13 650

　贷：银行存款——中国工商银行北京东升路支行　118 650

付款申请单

付款单编号：fk20××1205005　　　　申请日期：20××年 12 月 05日

款项用途	采购原材料，支付北京明辉科技发展有限公司货款。		
付款依据（合同名称/合同号）	HT-20××-0005	开票情况	☐已开票　☑未开票　☐其他
付款金额	人民币（大写）壹拾壹万捌仟陆佰伍拾元整		人民币（小写）¥118650.00
支付方式	☐支票　☐现金　☑银行转账　☐其他		
收款单位	北京明辉科技发展有限公司	收款单位开户行	中国工商银行北京上地支行
收款账号	020033631710001234	联系电话	010-6298234

经手人：张玲　　财务经理：乔娜　　总经理：张晨　　领款人：张玲

图 2-41　付款申请单

1100533113　　北京增值税专用发票　　No 1225008　　1100533113 1225008

发票联

开票日期：20××年12月05日

购买方	名称：北京浩天科技开发有限公司 纳税人识别号：911101080356921101 地址、电话：北京市海淀区知春路62号　010-5128765 开户行及账号：中国工商银行北京东升路支行　0200006209013356				密码区	4163458656/++669+//1>9>>828/546 /><8+81*5<<29371-++2/-74/**3313 *2662/4375>76</7/-16753>99<.22. >*+9>010-/1<126182>5+9844032355		
货物或应税劳务、服务名称	规格型号	单位	数量	单价	金额	税率	税额	
*计算机外部设备*触摸屏		台	100	1050.00	105000.00	13%	13650.00	
合计					¥105000.00		¥13650.00	
价税合计（大写）	⊗ 壹拾壹万捌仟陆佰伍拾元整				（小写）¥118650.00			
销售方	名称：北京明辉科技发展有限公司 纳税人识别号：911101087425448101 地址、电话：北京市海淀区上地东里二区1号楼　010-6298234 开户行及账号：中国工商银行北京上地支行　020033631710001234				备注	北京明辉科技发展有限公司 911101087425448101 发票专用章		

收款人：王一　　复核：丁红　　开票人：王一　　销售方：（章）

税总函〔20××〕341号北京印钞有限公司

第三联：发票联　购买方记账凭证

图 2-42　增值税专用发票

ICBC 中国工商银行 凭证

业务回单（付款）

日期：20××年12月05日 回单编号：01804205

付款人户名：北京浩天科技开发有限公司
付款人开户行：中国工商银行北京东升路支行
付款人账号（卡号）：0200006209013356 98
收款人户名：北京明辉科技发展有限公司
收款人开户行：中国工商银行北京上地支行
收款人账号（卡号）：020033631710001234
金额：壹拾壹万捌仟陆佰伍拾元整
小写：118650.00元
业务（产品）种类：转账 凭证种类：000000000
凭证号码：10307968
摘要： 用途：购买触摸屏
币种：人民币
交易机构：0030200112 记账柜员：00010 交易代码：87091
渠道：中间业务后台方式

本回单为第2次打印，注意重复 打印日期：20××年12月05日 打印柜员：9 验证码：E07E72FCA006

图 2-43 银行回单

入库单

供货单位：北京明辉科技发展有限公司 入库日期：20××年 12 月 05 日 入库单号：1112002
业务类型：采购入库 仓库：原材料仓库 备注：

序号	存货名称	单位	数量	单价	金额
	触摸屏	台	100	1 050.00	105 000.00
合计					105 000.00

制单：张玲 库管：赵强 检验：张玲 复核：赵平 经理审核：张晨 供应商签字：王晓斌

图 2-44 入库单

【业务 16】20××年 12 月 2 日，上月从北京兴中科技有限公司采购的 50 个模块到货，单价 1 020 元，已办理验收入库手续。(期初数：“在途物资——模块”科目借方余额 51 000 元)

【业务票据】如图 2-45 所示。

入库单

供货单位：北京兴中科技有限公司 入库日期：20××年 12 月 02 日 入库单号：1112007
业务类型：采购入库 仓库：原材料仓库 备注：

序号	存货名称	单位	数量	单价	金额
	模块	个	50.00	1 020.00	51 000.00
合计					51 000.00

制单：张玲 库管：赵强 检验：张玲 复核：赵平 经理审核：张晨 供应商签字：王红

图 2-45 入库单

【业务解析】根据相关单据，编制记账凭证：

借：原材料——模块 51 000

　　贷：在途物资——模块 51 000

【业务 17】20××年 12 月 2 日，上月从苏州美创自动化技术有限公司采购的压力变送器 100 台运抵仓库，单价 300 元，已办理验收入库手续。(期初数：“在途物资——压力变

送器”科目借方余额 30 000 元）

【业务票据】如图 2－46 所示。

入库单

供货单位：苏州美创自动化技术有限公司　　入库日期：20××年 12 月 02 日　　入库单号：1112010
业务类型：采购入库　　仓库：原材料仓库　　备注：

序号	存货名称	单位	数量	单价	金额
	压力变送器	台	100.00	300.00	30 000.00
合计					30 000.00

制单：张玲　库管：赵强　检验：张玲　复核：赵平　经理审核：张晨　供应商签字：王红

图 2－46　入库单

【业务解析】根据相关单据，编制记账凭证：

借：原材料——压力变送器　　30 000

　贷：在途物资——压力变送器　　30 000

【业务 18】20××年 12 月 25 日，本月生产部门领用原材料。

【业务票据】如图 2－47、表 2－2 所示。

领料单

领用部门：车间　　日期：20××年 12 月 25 日
领用部门：生产电控装置、换带装置　　备注：

领用物品编号	领用物品名称及规格	单位	数量		单价	金额
			请领	实领		
01	模块	个	360	360	1 019.93	367 174.80
02	触摸屏	台	360	360	1 049.95	377 982.00
03	压力变送器	台	300	300	299.87	89 961.00
04	温度变送器	台	60	60	179.50	10 770.00

发出人：陈明　审批人：谢刚　领用人：刘建　记账：王明

图 2－47　领料单

表 2－2　发出材料汇总表

编制单位：北京浩天科技开发有限公司　　20××年 12 月　　金额单位：元

产品种类	原材料	生产领用		
		领用数量	单价	金额
电控装置	模块	300	1 019.93	305 979.00
	压力变送器	300	299.87	89 961.00
	触摸屏	300	1 049.95	314 985.00
合计				710 925.00
换带装置	模块	60	1 019.93	61 195.80
	温度变送器	60	179.50	10 770.00
	触摸屏	60	1 049.95	62 997.00
合计				134 962.80
总计				845 887.80

制单人：乔娜

【业务解析】根据相关单据，编制记账凭证：

借：生产成本——基本生产成本——直接材料（电控装置） 710 925
——基本生产成本——直接材料（换带装置） 134 962.8
贷：原材料——模块 367 174.8
——触摸屏 377 982
——压力变送器 89 961
——温度变送器 10 770

【业务 19】20××年 12 月 2 日，公司发给加工单位加工材料一批，金额 47 395 元。12 月 3 日，支付委托加工产品加工费 5 650 元，生产电控装置。收回后用于 12 月 13 日北京博特科技有限公司电控装置销售。

【业务票据】如图 2-48、图 2-49、图 2-50、图 2-51 所示。

委托外加工出库单

委托外单位名称：北京三金伟业科技有限公司　　联系电话：010-5128589　　No. 20××1202001

委托外单位地址：北京市海淀区知春路23号　　制单日期：20××年12月02日

序号	批号	发出材料名称	单位	数量	单价	金额	有效期	备注
001	30513909	模块	个	20	1019.93	20398.60	20××.12.02	
002	30513910	压力变送器	台	20	299.87	5997.40	20××.12.02	
003	30513908	触摸屏	台	20	1049.95	20999.00	20××.12.02	
总额（大写）：肆万柒仟叁佰玖拾伍元整				总额（小写）：￥47395.00				

制单：王明　库管：谢刚　业务：刘建　复核：张霞　经理审核：陈明　委托外单位验收：王霖

图 2-48　委托外加工出库单

付款申请单

付款单编号：fk20××1202004　　申请日期：20×× 年 12 月 02 日

款项用途	委托加工产品，支付北京三金伟业科技有限公司款项		
付款依据（合同名称/合同号）	HT-20××-0004	开票情况	☐已开票　☑未开票　☐其他
付款金额	人民币（大写）伍仟陆佰伍拾元整		人民币（小写）¥5650.00
支付方式	☑支票　☐现金　☐银行转账　☐其他		
收款单位	北京三金伟业科技有限公司	收款单位开户行	中国工商银行北京海淀区支行
收款账号	0200006209013374385	联系电话	010-5128589

经手人：张玲　财务经理：乔娜　总经理：张晨　领款人：张玲

图 2-49　付款申请单

1220001

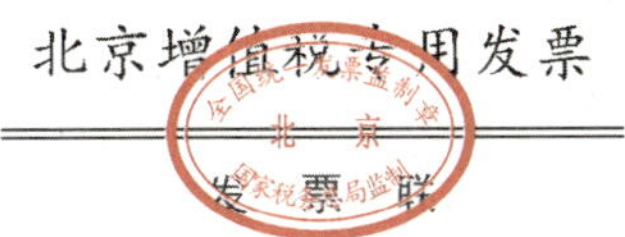

№ 1100266315　1220001　1100266315

开票日期：20××年12月02日

税总函[20××]341号北京印钞有限公司

购买方	名　　称：北京浩天科技开发有限公司 纳税人识别号：91110109600356920X 地 址、电 话：北京市海淀区知春路62号　010-5128765 开户行及账号：中国工商银行北京东升路支行　0200006209013356				密码区	11/*85456687-2//*61>><9>>828 /><8+81*5<<29371-++2/-74/** *2662/4375>76</7/-16753>99< >*+9>010-+2516398--**855403		
货物或应税劳务、服务名称	规格型号	单位	数量	单价	金额	税率	税额	
*加工劳务*加工费		次	1	5000.00	5000.00	13%	650.00	
合　　计					¥5000.00		¥650.00	
价税合计（大写）	⊗伍仟陆佰伍拾元整				（小写）¥5650.00			
销售方	名　　称：北京三金伟业科技有限公司 纳税人识别号：911101096005351611 地 址、电 话：北京市海淀区知春路23号　010-5128589 开户行及账号：中国工商银行北京海淀区支行　0200006209013374385				备注	北京三金伟业科技有限公司 911101096005351611 发票专用章		

第三联：发票联　购买方记账凭证

收款人：王霖　　复核：董欣　　开票人：李艳　　销售方：（章）

图 2-50　增值税专用发票

ICBC 中国工商银行　　凭证

业务回单（付款）

日期：20××年12月03日　　回单编号：01804204

付款人户名：北京浩天科技开发有限公司　　付款人开户行：中国工商银行北京东升路支行
付款人账号（卡号）：020000620901335698　　收款人开户行：中国工商银行北京海淀区支行
收款人户名：北京三金伟业科技有限公司
收款人账号（卡号）：0200006209013374385
金额：伍仟陆佰伍拾元整　　小写：5650.00元
业务（产品）种类：转账　　凭证种类：000000000　　凭证号码：10307968
摘要：　　用途：支付委托加工款项　　币种：人民币
交易机构：0030200112　　记账柜员：00010　　交易代码：87091　　渠道：中间业务后台方式

本回单为第2次打印，注意重复　　打印日期：20××年12月03日　　打印柜员：9　　验证码：E07E72FCA007

图 2-51　银行回单

【业务解析】根据相关单据，编制记账凭证：

发出材料时：

借：委托加工物资　　47 395
　贷：原材料——模块　　20 398.6
　　　　——压力变送器　　5 997.4
　　　　——触摸屏　　20 999

支付加工费时：

借：委托加工物资 5 000

应交税费——应交增值税——进项税额 650

贷：银行存款——中国工商银行北京东升路支行 5 650

【业务 20】20××年 12 月 10 日，收到委托加工完成的产品，验收入库。

【业务票据】如图 2－52 所示。

入库单

供货单位：北京三金伟业科技有限公司　　入库日期：20××年 12 月 10 日　　入库单号：1112006

业务类型：委托加工　　仓库：产成品仓库　　备注：

序号	存货名称	单位	数量	单价	金额
	电控装置	套	20	2 619.75	52 395.00
合计					52 395.00

制单：张玲　库管：赵强　检验：张玲　复核：赵平　经理审核：张晨　供应商签字：魏倩

图 2－52 入库单

【业务解析】根据相关单据，编制记账凭证：

借：库存商品——电控装置 52 395

贷：委托加工物资 52 395

【业务 21】20××年 12 月 31 日，盘点库存，发现原材料模块盘亏 2 个。

【业务票据】如表 2－3 所示。

表 2－3 存货盘点报告表

编制部门：北京浩天科技开发有限公司　20××年 12 月 31 日　单位：元

物资名称	型号规格	单位	单价	数量		盘盈		盘亏		盘亏原因	处理建议
				账面	盘点	数量	金额	数量	金额		
模块		个	1 020.00	50	48			2	2 040.00	管理不善	计入管理费用

总经理：张晨　财务经理：乔娜　仓库：赵强

【业务解析】根据相关单据，编制记账凭证：

借：待处理财产损溢——待处理流动资产损溢 2 305.2

贷：原材料——模块 2 040

应交税费——应交增值税——进项税额转出 265.2

【业务 22】20××年 12 月 31 日，经查明，原材料盘亏系由于管理不善发生非正常损失，经批准同意作为管理费用。

【业务票据】如表 2－4 所示。

表 2－4 资产盘亏审批表

20××年 12 月 31 日

资产名称	盘亏数量	资产类型
模块	2 个	自用
盘亏原因： 管理不善 部门负责人签字：谢刚		

续表

鉴定意见： 　　　批准 　　　　　　　　　　　　　　　　　　　　鉴定人员签字：刘建
公司审批意见： 　　　批准 　　　　　　　　　　　　　　　　　　　　总经理签字：张晨
备注：

经办人：赵强

【业务解析】根据相关单据，编制记账凭证：

借：管理费用——盘亏　　2 305.2

　贷：待处理财产损溢——待处理流动资产损溢　　2 305.2

2.2.3　固定资产

【业务23】20××年12月1日，公司从天津天浩影像设备有限公司购入一台复印一体机，取得的增值税专用发票上注明的设备价款为9 000元，增值税进项税额为1 170元，折旧年限为3年，净残值率为5%，已通过银行转账付款。委托天津顺通运输公司运输，取得该公司开具的增值税专用发票，注明的增值税税额为72元，价款800元，已通过现金付款。

【业务票据】如图2－53、图2－54、图2－55所示。

ICBC 中国工商银行　　凭证

业务回单（付款）

日期：20××年12月01日　　回单编号：01804201

付款人户名：北京浩天科技开发有限公司　　付款人开户行：中国工商银行北京东升路支行
付款人账号（卡号）：020000620901335698
收款人户名：天津天浩影像设备有限公司　　收款人开户行：中国工商银行天津滨海支行
收款人账号（卡号）：030207180600003556
金额：壹万零壹佰柒拾元整　　小写：10170.00元
业务（产品）种类：转账　　凭证种类：000000000　　凭证号码：10307968
摘要：　　用途：购入复印一体机　　币种：人民币
交易机构：0030200112　　记账柜员：00010　　交易代码：87091　　渠道：中间业务后台方式

本回单为第2次打印，注意重复　　打印日期：20××年12月01日　　打印柜员：9　　验证码：E07E72FCA006

图2－53　银行回单

现金付讫

3100123749

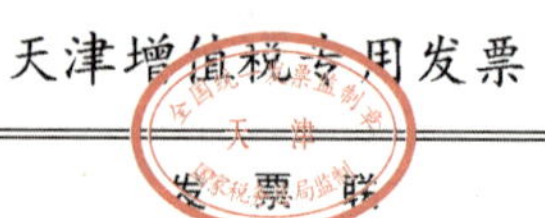

天津增值税专用发票

发票联

No 01132979　3100123749 01132979

开票日期：20××年12月01日

购买方	名称：北京浩天科技开发有限公司 纳税人识别号：91110109600356920X 地址、电话：北京市海淀区知春路62号 010-5128765 开户行及账号：中国工商银行北京东升路支行 0200006209013335698	密码区	059634766</3/-4761>><9>>828 /><8+81*5<<29371-++2/-74/** *2662/4375>76</7/-16753>99< >*+9>010-/1<126182>5+984403

货物或应税劳务、服务名称	规格型号	单位	数量	单价	金额	税率	税额
*运输服务*运输费		吨	1	800.00	800.00	9%	72.00
合计					¥800.00		¥72.00
价税合计（大写）	⊗捌佰柒拾贰元整				（小写）¥872.00		

销售方	名称：天津顺通运输股份有限公司 纳税人识别号：911120104550374891 地址、电话：南开区红旗路112号210室 022-58165205 开户行及账号：中行天津市分行（RMB）281760041520（USD）268760041539	备注	天津顺通运输股份有限公司 911120104550374891 发票专用章

收款人：刘洁　复核：李峰　开票人：韩玉　销售方：（章）

税总函[20××]341号天津印钞有限公司

第三联：发票联 购买方记账凭证

图 2-54　增值税专用发票

1100533116

天津增值税专用发票

发票联

No 1201001　1100533116 1201001

开票日期：20××年12月01日

购买方	名称：北京浩天科技开发有限公司 纳税人识别号：91110109600356920X 地址、电话：北京市海淀区知春路62号 010-5128765 开户行及账号：中国工商银行北京东升路支行 0200006209013335698	密码区	56236234766</3/-4761>><9>>828 /><8+81*5<<29371-++2/-74/** *2662/4375>76</7/-16753>99< >*+9>010-/1<126182>5+984403

货物或应税劳务、服务名称	规格型号	单位	数量	单价	金额	税率	税额
*办公印刷设备*复印机		台	1	9000.00	9000.00	13%	1170
合计					¥9000.00		¥1170.00
价税合计（大写）	⊗壹万零壹佰柒拾元整				（小写）¥10170.00		

销售方	名称：天津天浩影像设备有限公司 纳税人识别号：91120117555551111 地址、电话：滨海高新区华苑产业园区 022-8855550 开户行及账号：中国工商银行天津滨海支行 030207130600003556	备注	天津天浩影像设备有限公司 911201175555511111 发票专用章

收款人：王静　复核：王潇明　开票人：张星　销售方：（章）

税总函[20××]341号天津印钞有限公司

第三联：发票联 购买方记账凭证

图 2-55　增值税专用发票

【业务解析】根据相关单据，编制记账凭证：

借：固定资产——复印一体机　9 800

　　应交税费——应交增值税——进项税额　1 170

　　　　　　——应交增值税——进项税额　72

　贷：银行存款——中国工商银行北京东升路支行　10 170

　　　库存现金　872

【业务 24】20××年 12 月 31 日，计提固定资产折旧。

【业务票据】如表 2－5 所示。

表 2－5 固定资产折旧分配表

编制单位：北京浩天科技开发有限公司 20××年 12 月 30 日 单位：元

序号	品名	数量	入账时间	折旧年限	原值	净残值率	月折旧额	已提折旧	已提减值准备	净值	折旧方法	折旧到期月	使用部门
1	自用厂房	1 间	20××. 06. 30	20 年	519 667. 36	3. 80%	2 083. 00	35 411. 00		484 256. 36	平均年限法	20××. 06	车间
2	机器设备	3 台	20××. 06. 30	10 年	240 000. 00	0%	2 000. 00	34 000. 00		206 000. 00	平均年限法	20××. 06	车间
3	江淮汽车	1 辆	20××. 09. 30	4 年	68 058. 00	5%	1 346. 98	18 857. 72		49 200. 28	平均年限法	20××. 09	人力资源部
4	东风汽车	1 辆	20××. 09. 30	4 年	133 584. 00	5%	2 643. 85	37 013. 90		96 570. 10	平均年限法	20××. 09	人力资源部
5	打印机	1 台	20××. 11. 30	3 年	1 666. 67	5%	43. 98	527. 76		1 138. 91	平均年限法	20××. 11	人力资源部
6	复印一体机	1 台	20××. 12. 01	3 年	9 800. 00	5%				9 800. 00	平均年限法	20××. 12	人力资源部
7	投影仪	1 台	20××. 12. 13	3 年	6 500. 00	5%				6 500. 00	平均年限法	20××. 12	人力资源部
合计					979 276. 03		8 117. 81	125 810. 38		853 465. 65			

制单人：乔娜

【业务解析】根据相关单据，编制记账凭证：

借：管埋费用——固定资产折旧费 4 034. 81

制造费用——固定资产折旧费 4 083

贷：累计折旧 8 117. 81

【业务 25】20××年 12 月 8 日，财产清查时发现短缺一台笔记本电脑，原价为 3 119. 66 元，已计提折旧 987. 84 元。

【业务票据】如表 2－6、表 2－7 所示。

表 2－6 固定资产折旧分配表

编制单位：北京浩天科技开发有限公司 20××年 12 月 单位：元

序号	品名	数量	入账时间	折旧年限	原值	净残值率	月折旧额	已提折旧	净值	折旧方法	折旧到期月	使用部门
	笔记本电脑	1 台	20××. 11. 30	3 年	3 119. 66	5%	82. 32	987. 84	2 131. 82	平均年限法	20××. 11	人力资源部
合计					3 119. 66		82. 32	987. 84	2 131. 82			

制单人：乔娜

表 2-7 固定资产盘点明细表

编制单位：北京浩天科技开发有限公司 20××年 12 月 08 日 单位：元

固定资产项目			盘盈			盘亏及毁损				盈亏原因	处理建议
编号	名称	规格	数量	重置价格	估计已提折旧额	数量	原始价值	已提折旧额	已提减值准备		
	笔记本电脑					1	3 119.66	987.84		待查	待处理

总经理：张晨 财务经理：乔娜 仓库：赵强

【业务解析】根据相关单据，编制记账凭证：

盘亏时计提折旧：

借：管理费用——固定资产折旧费 82.32

贷：累计折旧 82.32

借：待处理财产损溢——待处理非流动资产损溢 2 049.5

累计折旧 1 070.16

贷：固定资产——笔记本电脑 3 119.66

2.2.4 无形资产

【业务 26】20××年 12 月 1 日，公司以银行存款 24 000 元购入一项无形资产 ERP 系统（不考虑相关税费）用于管理。该无形资产的预计使用寿命为 8 年，预计净残值为零，采用直线法摊销。

【业务票据】如图 2-56、图 2-57 所示。

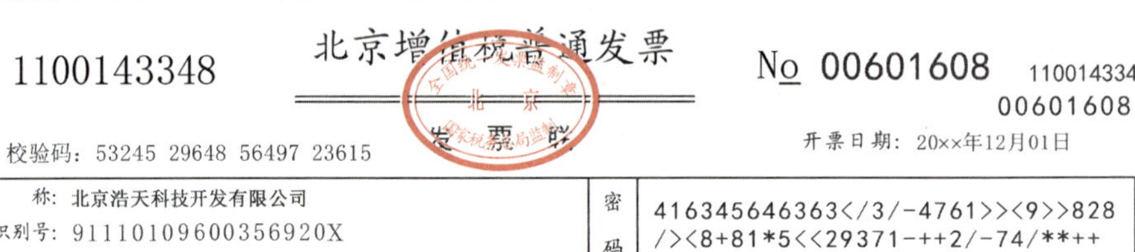

1100143348 北京增值税普通发票 No 00601608 1100143348 00601608

发票联

校验码：53245 29648 56497 23615 开票日期：20××年12月01日

购买方	名称：北京浩天科技开发有限公司 纳税人识别号：91110109600356920X 地址、电话：北京市海淀区知春路62号 010-5128765 开户行及账号：中国工商银行北京东升路支行 0200006209013356 98	密码区	416345646363</3/-4761>><9>>828 /><8+81*5<<29371-++2/-74/**++ *2662/4375>76</7/-16753>99/< >*+9>010-/1<126182>5+75555222

货物或应税劳务、服务名称	规格型号	单位	数量	单价	金额	税率	税额
*配电系统电气安全检测*ERP系统		套	1	21238.94	21238.94	13%	2761.06
合计					¥21238.94		¥2761.06
价税合计（大写）	⊗贰万肆仟元整				（小写）¥24000.00		

销售方	名称：北京创联信控技术有限公司 纳税人识别号：91110114M086105209 地址、电话：北京市海淀区复兴路83号东九楼411室 010-6870632 开户行及账号：中国工商银行北京石景山玉泉路支行 02000062905467821	备注	北京创联信控技术有限公司 91110114M086105209 发票专用章

收款人：王红 复核：孙凯文 开票人：张鹏 销售方：（章）

税总函〔20××〕341号北京印钞有限公司

第二联：发票联 购买方记账凭证

图 2-56 增值税普通发票

ICBC 中国工商银行 凭证

业务回单（付款）

日期：20××年12月01日

回单编号：01804202

付款人户名：北京浩天科技开发有限公司
付款人开户行：中国工商银行北京东升路支行
付款人账号（卡号）：020000620901335698
收款人开户行：中国工商银行北京石景山玉泉路支行
收款人户名：北京创联信控技术有限公司
收款人账号（卡号）：020000620905467821
金额：贰万肆仟元整
小写：24000.00元
业务（产品）种类：转账　凭证种类：000000000　凭证号码：10307968
摘要：　用途：购入ERP　币种：人民币
交易机构：0030200112　记账柜员：00010　交易代码：87052　渠道：中间业务后台方式

本回单为第2次打印，注意重复　打印日期：20××年12月01日　打印柜员：9　验证码：E07E72FCA006

图 2－57 银行回单

【业务解析】根据相关单据，编制记账凭证：

借：无形资产——非专利技术　24 000

　贷：银行存款——中国工商银行北京东升路支行　24 000

【业务 27】20××年 12 月 31 日，计提无形资产累计摊销。

【业务票据】如表 2－8 所示。

表 2－8 无形资产摊销表

编制单位：北京浩天科技开发有限公司　20××年 12 月　单位：元

序号	品名	数量	入账时间	摊销年限	原值	净残值率	月摊销额	已摊销额	余值	摊销方法	摊销到期月	备注
1	ERP 系统	1	20××.12.1	10	12 000.00	0	0.00	2 400.00	9 600.00	平均年限法	20××.1	本月报废
2	ERP 系统	1	20××.12.1	10	500 000.00	0	4 166.67	0.00	495 833.33	平均年限法	20××.1	
3	ERP 系统	1	20××.12.1	8	24 000.00	0	250.00	0.00	23 750.00	平均年限法	20××.1	
合计					536 000.00		4 416.67	2 400.00	529 183.33			

制单人：乔娜

【业务解析】根据相关单据，编制记账凭证：

借：管理费用——非专利技术　4 416.67

　贷：累计摊销　4 416.67

【业务 28】20××年 12 月 1 日，原有的旧 ERP 系统被市场淘汰，该项专利技术的账面原值为 12 000 元，已使用 2 年，摊销期限为 10 年，预计净残值为零，采用直线法摊销。公司决定将其转入报废处理。

【业务票据】如图 2－58 所示；无形资产摊销表见表 2－8。

无形资产报废单

20××年 12 月 01 日

无形资产名称	ERP 系统	原值	12 000.00 元
使用部门	人力资源部	使用时间	2 年
报废原因： 被市场淘汰 部门负责人签字：李勇			
鉴定意见： 同意报废 鉴定人员签字：乔娜			
公司审批意见： 同意报废 总经理签字：张晨			
备注：			

经办人：吴韧

图 2-58 无形资产报废单

【业务解析】根据相关单据，编制记账凭证：

借：累计摊销 2 400

营业外支出——非流动资产处置净损失 9 600

贷：无形资产——非专利技术 12 000

2.3 负债类业务

【业务 29】20××年 12 月 1 日，从银行借入资金 200 000 元，期限 6 个月，年利率为 6%，到期还本，按月付息。

【业务票据】如图 2-59 所示。

【业务解析】根据相关单据，编制记账凭证：

借：银行存款——中国邮政储蓄银行 200 000

贷：短期借款 200 000

【业务 30】20××年 12 月 31 日，计提短期借款利息并支付。

【业务票据】如图 2-60、图 2-61、表 2-9 所示。

中国邮政储蓄银行 POSTAL SAVINGS BANK OF CHINA

借　款　凭　证

2133

20××年 12 月01 日　　编号：021200439014000101

借款人			收款人		
	全　称	北京浩天科技开发有限公司		全　称	北京浩天科技开发有限公司
	账　号	91220013010000011588		账　号	91220013010000001123
	开户银行	中国邮政储蓄银行北京东升路支行		开户银行	中国邮政储蓄银行北京东升路支行
金额	人民币贰拾万元整			（小写）	¥200000.00

借款种类：短期借款　　借款期限：　6个月
借款日期：20××年12 月01日　　到期日期：20××年05月31日　　年利率（%）：6.00
用途：购买生产材料　　还款方式：到期还本，按月付息

上述借款按编号为（4000101）邮储银借字（20××）第01728号 借款合同执行

上述借款资金已入收款人账户。

邮政储蓄银行北京分行 会计核算中心 20××.12.01 业务清讫章（07）

（银行签章）

第三联 收款人收账通知

20××.09

会计主管　　前台授权　　初审　　经办 冯琳琳

图 2-59　银行借款单

北京增值税普通发票

1100533119　　No 1216002　　1100533119 1216002

全国统一发票监制章 北京 国家税务局监制　发票联

校验码：53245 29648 56497 23615　　开票日期：20××年12月31日

购买方	名　　称：北京浩天科技开发有限公司 纳税人识别号：91110109600356920X 地 址、电 话：北京市海淀区知春路62号 010-5128765 开户行及账号：中国邮政储蓄北京东升路支行 91220013010000001123			密码区	416345646363</3/-4761>><9>>828 /><8+81*5<<29371-+2/-74/**++ *2662/4375>76</7/-16753>99/< >*+9>010-/1<126182>5+75555222		
货物或应税劳务、服务名称	规格型号	单位	数量	单价	金额	税率	税额
*金融服务*借款利息			1	943.40	943.40	6%	56.60
合　　计					¥943.40		¥56.60
价税合计（大写）	⊗壹仟元整				（小写）¥1000.00		
销售方	名　　称：中国邮政储蓄银行股份有限公司北京分行 纳税人识别号：911102100000423001 地 址、电 话：北京市海淀区东升路28号 010-6655354 开户行及账号：中国邮政储蓄银行北京东升路支行 91220013010000011588			备注	中国邮政储蓄银行股份有限公司北京东升路支行 911102100000423001 发票专用章		

收款人：王红　　复核：孙凯文　　开票人：张鹏　　销售方：（章）

税总函〔20××〕341号北京印钞有限公司

第二联：发票联 购买方记账凭证

图 2-60　增值税普通发票

ICBC 中国工商银行 凭证

业务回单（付款）

日期：20××年12月31日 回单编号：17072000001

付款人户名：北京浩天科技开发有限公司 付款人开户行：中国工商银行北京东升路支行
付款人账号（卡号）：9122001301000001123
收款人户名：中国邮政储蓄银行股份有限公司北京分行 收款人开户行：中国邮政储蓄银行北京东升路支行
收款人账号（卡号）：9122001301000011588
金额：壹仟元整 小写：1000.00元
业务（产品）种类：转账 凭证种类：000000000 凭证号码：000000000000000000
摘要：计提并支付短期借款利息 用途： 币种：人民币
交易机构：0030200112 记账柜员：00010 交易代码：87091 渠道：中间业务后台方式

本回单为第2次打印，注意重复 打印日期：20××年12月31日 打印柜员：9 验证码：E07E72FCA006

图 2-61 银行回单

表 2-9 借款利息计算表

20××年 12 月 单位：元

借款单位	本金	起止时间	年利率（%）	计息金额	备注
北京浩天科技开发有限公司	200 000.00	20××.12.01—20××.05.31	6%	1 000.00	
本月合计				1 000.00	

制单人：乔娜

【业务解析】根据相关单据，编制记账凭证：

借：财务费用——利息支出 1 000

贷：应付利息——中国邮政储蓄银行 1 000

借：应付利息——中国邮政储蓄银行 1 000

贷：银行存款——中国工商银行北京东升路支行 1 000

【业务 31】20××年 12 月 22 日，公司申请开具银行承兑汇票支付前欠北京钢构制造有限公司部分货款 60 000 元。

【业务票据】如图 2-62、图 2-63、图 2-64 所示。

付款申请单

付款单编号：fk20××1210006 申请日期： 20××年 12 月 22日

款项用途	支付北京钢构制造有限公司部分货款		
付款依据（合同名称/合同号）	HT-20××-0006	开票情况	□已开票 ☑未开票 □其他
付款金额	人民币（大写）陆万元整	人民币（小写）¥60000.00	
支付方式	□支票 □现金 □银行转账 ☑其他		
收款单位	北京钢构制造有限公司	收款单位开户行	中国工商银行北京鹿港支行
收款账号	020024910900004321	联系电话	010-6298265

经手人：张玲 财务经理：乔娜 总经理：张晨 领款人：张玲

图 2-62 付款申请单

ICBC 中国工商银行

业务委托书　回执

委托人全称	北京浩天科技开发有限公司
委托人账号	020000620901335698
收款人全称	北京钢构制造有限公司
收款人账号	020024910900004321
金额	¥60000.00
委托日期	20XX 年 12 月 22 日
此联为银行受理通知书。若委托人申请汇票或本票业务，应凭此联领取汇票或本票。	

业务已提交中国工商银行北京东升路支行待后台处理

图 2－63　业务委托书回执

银行承兑汇票

2　31200015 22093165

出票日期（大写）　贰零××　年　壹拾贰月 贰拾贰日

出票人全称	北京浩天科技开发有限公司	收款人	全　称	北京钢构制造有限公司
出票人账号	020000620901335698		账　号	020024910900004321
付款行全称	中国工商银行北京东升路支行		开户银行	中国工商银行北京鹿港支行
出 票 金 额	人民币（大写）陆万元整		亿千百十万千百十元角分	¥6000000
汇票到期日（大写）	贰零××年零陆月贰拾壹日	付款行	行号	102100000626
承兑协议编号	1055061000016-033		地址	北京市海淀区志新路30号
本汇票请你行承兑，到期无条件付款。北京浩天科技开发有限公司 财务专用章　王明天印　出票人签章		本汇票已经承兑，到期日本行付款　承兑行签章　承兑日期20××年12月21日　备注：	密押	复核 李明光 记账 董凤

此联收款人开户行随托收凭证寄付款行作借方凭证附件

图 2－64　银行承兑汇票复印件

【业务解析】根据相关单据，编制记账凭证：

借：应付账款——北京钢构制造有限公司 60 000

贷：应付票据——北京钢构制造有限公司 60 000

【业务 32】20××年 12 月 21 日，公司转账支付前欠北京明辉科技发展有限公司部分货款 78 750 元。（期初数："应付账款——北京明辉科技发展有限公司"科目贷方余额 78 750 元）

【业务票据】如图 2－65、图 2－66 所示。

付款申请单

付款单编号：fk20××1210006　　　　申请日期：　20×× 年 12 月 21日

款项用途	支付北京明辉科技发展有限公司货款		
付款依据（合同名称/合同号）	HT-20××-0006	开票情况	□已开票　☑未开票　□其他
付款金额	人民币（大写）柒万捌仟柒佰伍拾元整		人民币（小写）¥78750.00
支付方式	□ 支票　□ 现金　☑银行转账　□其他		
收款单位	北京明辉科技发展有限公司	收款单位开户行	中国工商银行北京上地支行
收款账号	020033631710001234	联系电话	010-6298234

经手人：张玲　　财务经理：乔娜　　总经理：张晨　　领款人：张玲

图 2－65　付款申请单

ICBC 中国工商银行　　凭证

业务回单（付款）

日期：20××年12月21日

回单编号：17072000016

付款人户名：北京浩天科技开发有限公司

付款人开户行：中国工商银行北京东升路支行

付款人账号（卡号）：020000620901335698

收款人户名：北京明辉科技发展有限公司

收款人开户行：中国工商银行北京上地支行

收款人账号（卡号）：020033631710001234

金额：柒万捌仟柒佰伍拾元整

小写：78750.00元

业务（产品）种类：转账　　凭证种类：000000000　　凭证号码：0000000000000000

摘要：支付前欠部分货款　　用途：　　币种：人民币

交易机构：0030200112　　记账柜员：00010　　交易代码：87091　　渠道：中间业务后台方式

中国工商银行股份有限公司北京东升路支行 自主回单机专用章（003）

本回单为第2次打印，注意重复　　打印日期：20××年12月21日　　打印柜员：9　　验证码：E07E72FCA006

图 2－66　银行回单

【业务解析】根据相关单据，编制记账凭证：

借：应付账款——北京明辉科技发展有限公司 78 750

贷：银行存款——中国工商银行北京东升路支行 78 750

【业务 33】20××年 12 月 3 日，公司与北京华普电子有限公司签订供货合同，向其出售换带装置 50 套，每套不含税单价为 7 500 元，价税合计 423 750 元。根据购货合同的规定，北京华普电子有限公司在购货合同签订一周内，应当向公司预付货款 100 000 元，剩余货款在交货时付清。20××年 12 月 8 日，公司收到北京华普电子有限公司交来的预付款 100 000 元。

【业务票据】如图 2－67、图 2－68 所示。

ICBC 中国工商银行　　凭证

业务回单（收款）

日期：20××年12月03日　　回单编号：17076000001

付款人户名：北京华普电子有限公司　　付款人开户行:中国工商银行北京复兴门支行
付款人账号（卡号）：020000332927221302
收款人户名：北京浩天科技开发有限公司　　收款人开户行:中国工商银行北京东升路支行
收款人账号（卡号）：020000620901335698
金额：壹拾万元整　　小写：100000.00元
业务（产品）种类：　　凭证种类：000000000　　凭证号码：0000000000000000
摘要：收到预付款　　用途：　　币种：人民币
交易机构：0030200150　　记账柜员：00023　　交易代码：52093　　渠道：其他
附言：
支付交易序号：24387675　报文种类：大额客户发起汇兑业务　委托日期：20××-12-03
业务类型（种类）：普通汇兑

中国工商银行股份有限公司北京东升路支行 自主回单机专用章

本回单为第1次打印，注意重复　　打印日期：20××年12月03日　　打印柜员：9003　验证码：124DC42B2006

图 2－67　银行回单

产品购销合同

甲方（买方）：北京华普电子有限公司
乙方（卖方）：北京浩天科技开发有限公司

根据《民法典》等法律、法规的规定，甲乙双方在平等自愿、协商一致的基础上，就甲方购买乙方产品事宜达成以下条款：

第一条　乙方所提供的产品及费用清单。

序号	产品名称	规格型号	数量	含税单价（元）	金额（元）
	换带装置		50	8 475.00	423 750.00
合计	小写：423 750.00 元			大写：肆拾贰万叁仟柒佰伍拾元整	
备注	现金折扣条件为“1/20，n/30”。				

第二条　付款方式：若甲方提前付款，乙方可给予的现金折扣为：20 天内付款，货款折扣 1%，30 天内全额付款。甲方在购货合同签订一周内，应当向乙方预付货款 100 000 元，剩余货款在交货时付清。

第三条　交货期：自收到甲方预付款之日起__3__日内到达甲方指定地点。

第四条　交货地点、费用承担及所有权转移：乙方通过物流发运到甲方指定地点，运费由乙方承担；货物所有权自甲方签收之日起转移，运输途中产品的损毁由乙方自行承担。

第五条　乙方应做好适合物流运输的产品包装，并随货附《货物清单》（加盖合同章），详细注明产品规格及数量，甲方根据货物清单内容验收货物。

第六条　甲方自收到货物起 7 日内可对产品的规格、数量等产品信息提出异议，乙方必须在 3 日内答复并给出解决方案，否则甲方有权退货并要求乙方承担所有的费用。

第七条 质量保证：
1. 乙方承诺甲方所购买的产品质量和乙方提供的样品一致，有微小差异属于正常情况。
2. 乙方提供的所有产品必须符合国家有关部门的质量要求，如出现质量问题假一赔十，给甲方造成危害和损失的，承担赔偿责任。
第八条 违约责任：
在合同履行期间，乙方延期交货（除双方协商同意外），每延期 1 日按合同总金额的 2%承担违约责任。
第九条 争端的解决：
合同履行过程中出现的一切争端，双方应友好协商解决，协商不成的，任意一方可向有管辖权的人民法院提起诉讼解决。
第十条 合同生效及其他：
1. 本合同未尽事宜，经双方协商后做出书面补充协议，补充协议与本合同具有同等法律效力。
2. 本合同一式四份，双方各执两份，具有同等法律效力。
3. 本合同自双方授权代表签字、单位盖章、预付款到达乙方指定账户之日起生效。

甲方（盖章）：北京华普电子有限公司	乙方（盖章）：北京浩天科技开发有限公司
法定代表人（签字）：杜婧婷	法定代表人（签字）：王天明
电话：010－6510816	电话：010－5128765
开户银行：中国工商银行北京复兴门支行	开户银行：中国工商银行北京东升路支行
账号：0200003329272213 02	账号：020000620901335698
签订日期：20××年 12 月 03 日	签订日期：20××年 12 月 03 日

图 2－68 产品购销合同复印件

【业务解析】根据相关收款单据和合同，编制记账凭证：

借：银行存款——中国工商银行北京东升路支行 100 000
　贷：预收账款——北京华普电子有限公司 100 000

【业务 34】20××年 12 月 31 日，计提 12 月工资。

【业务票据】如表 2－10 所示。

【业务解析】根据相关单据，编制记账凭证：

借：生产成本——基本生产成本——直接人工（电控装置） 20 240
　　　　——基本生产成本——直接人工（换带装置） 7 590
　　制造费用——职工薪酬 10 400
　　管理费用——职工薪酬 35 000
　　销售费用——职工薪酬 6 300
　贷：应付职工薪酬——职工工资 79 530

【业务 35】20××年 12 月 31 日，计提本月社会保险。

【业务票据】工资表见表 2－10。

【业务解析】根据相关单据，编制记账凭证：

借：生产成本——基本生产成本——直接人工（电控装置） 5 505.28
　　　　——基本生产成本——直接人工（换带装置） 2 064.48
　　制造费用——社会保险 2 828.8
　　管理费用——社会保险 9 520
　　销售费用——社会保险 1 713.6
　贷：应付职工薪酬——社会保险 21 632.16

表 2－10　工资表

编制单位：北京浩天科技开发有限公司　　　　20××年 12 月　　　　单位：元

部门	姓名	工资	补贴、补助、奖金					收入合计	社会保险（单位）						社会保险（个人）				公积金	个人所得税	扣款合计	实发工资
			外出补贴	通信补助	交通补助	奖金	合计		养老(16%)	医疗(10%)	失业(0.50%)	工伤(0.20%)	生育(0.50%)	合计	养老(8%)	医疗(2%)	失业(0.50%)	合计				
总经理室	张晨	10 000.00		300.00	1 000.00		1 300.00	11 300.00	1 808.00	1 130.00	56.50	22.60	56.50	3 073.60	904.00	226.00	56.50	1 186.50	1 243.00	177.05	2 606.55	8 693.45
采购部	赵平	3 000.00	100.00	200.00	200.00		500.00	3 500.00	560.00	350.00	17.50	7.00	17.50	952.00	280.00	70.00	17.50	367.50	385.00		752.50	2 747.50
采购部	张玲	2 000.00	100.00	100.00	100.00	500.00	800.00	2 800.00	448.00	280.00	14.00	5.60	14.00	761.60	224.00	56.00	14.00	294.00	308.00		602.00	2 198.00
销售部	王瑞	3 000.00	100.00	200.00	200.00		500.00	3 500.00	560.00	350.00	17.50	7.00	17.50	952.00	280.00	70.00	17.50	367.50	385.00		752.50	2 747.50
销售部	李峰	2 000.00	100.00	100.00	100.00	500.00	800.00	2 800.00	448.00	280.00	14.00	5.60	14.00	761.60	224.00	56.00	14.00	294.00	308.00		602.00	2 198.00
财务部	乔娜	5 000.00		200.00	200.00		400.00	5 400.00	864.00	540.00	27.00	10.80	27.00	1 468.80	432.00	108.00	27.00	567.00	594.00		1 161.00	4 239.00
财务部	王明	3 000.00		200.00	100.00		300.00	3 300.00	528.00	330.00	16.50	6.60	16.50	897.60	264.00	66.00	16.50	346.50	363.00		709.50	2 590.50
人力资源部	李勇	5 000.00		200.00	200.00		400.00	5 400.00	864.00	540.00	27.00	10.80	27.00	1 468.80	432.00	108.00	27.00	567.00	594.00		1 161.00	4 239.00
人力资源部	吴钊	3 000.00		200.00	100.00		300.00	3 300.00	528.00	330.00	16.50	6.60	16.50	897.60	264.00	66.00	16.50	346.50	363.00		709.50	2 590.50
生产车间主任	谢刚	4 000.00		200.00		1 000.00	1 200.00	5 200.00	832.00	520.00	26.00	10.40	26.00	1 414.40	416.00	104.00	26.00	546.00	572.00		1 118.00	4 082.00
生产车间副主任	夏炎	4 000.00		200.00		1 000.00	1 200.00	5 200.00	832.00	520.00	26.00	10.40	26.00	1 414.40	416.00	104.00	26.00	546.00	572.00		1 118.00	4 082.00
电控装置组生产车间	陈明	1 500.00				1 030.00	1 030.00	2 530.00	404.80	253.00	12.65	5.06	12.65	688.16	202.40	50.60	12.65	265.65			2 65.65	2 264.35
电控装置组生产车间	刘建	1 500.00				1 030.00	1 030.00	2 530.00	404.80	253.00	12.65	5.06	12.65	688.16	202.40	50.60	12.65	265.65			265.65	2 264.35
电控装置组生产车间	王坤	1 500.00				1 030.00	1 030.00	2 530.00	404.80	253.00	12.65	5.06	12.65	688.16	202.40	50.60	12.65	265.65			265.65	2 264.35
电控装置组生产车间	赵强	1 500.00				1 030.00	1 030.00	2 530.00	404.80	253.00	12.65	5.06	12.65	688.16	202.40	50.60	12.65	265.65			265.65	2 264.35
电控装置组生产车间	马松	1 500.00				1 030.00	1 030.00	2 530.00	404.80	253.00	12.65	5.06	12.65	688.16	202.40	50.60	12.65	265.65			265.65	2 264.35
电控装置组生产车间	孙军	1 500.00				1 030.00	1 030.00	2 530.00	404.80	253.00	12.65	5.06	12.65	688.16	202.40	50.60	12.65	265.65			265.65	2 264.35
电控装置组生产车间	冯辉	1 500.00				1 030.00	1 030.00	2 530.00	404.80	253.00	12.65	5.06	12.65	688.16	202.40	50.60	12.65	265.65			265.65	2 264.35
电控装置组生产车间	沈海军	1 500.00				1 030.00	1 030.00	2 530.00	404.80	253.00	12.65	5.06	12.65	688.16	202.40	50.60	12.65	265.65			265.65	2 264.35
换带装置组生产车间	周一	1 500.00				1 030.00	1 030.00	2 530.00	404.80	253.00	12.65	5.06	12.65	688.16	202.40	50.60	12.65	265.65			265.65	2 264.35
换带装置组生产车间	郑旭	1 500.00				1 030.00	1 030.00	2 530.00	404.80	253.00	12.65	5.06	12.65	688.16	202.40	50.60	12.65	265.65			265.65	2 264.35
换带装置组生产车间	韩晓明	1 500.00				1 030.00	1 030.00	2 530.00	404.80	253.00	12.65	5.06	12.65	688.16	202.40	50.60	12.65	265.65			265.65	2 264.35
合计		60 500.00	400.00	2 100.00	2 200.00	14 330.00	19 030.00	79 530.00	12 724.80	7 953.00	397.65	159.06	397.65	21 632.16	6 362.40	1 590.60	397.65	8 350.65	5 687.00	177.05	14 214.70	65 315.30

制表人：李勇

【业务 36】20××年 12 月 31 日，计提本月公积金。

【业务票据】工资表见表 2－10。

【业务解析】根据相关单据，编制记账凭证：

借：制造费用——住房公积金　　1 144

　　管理费用——住房公积金　　3 850

　　销售费用——住房公积金　　693

　贷：应付职工薪酬——住房公积金　　5 687

【业务 37】20××年 12 月 20 日，公司从北京电暖设备有限公司采购电暖器 22 台，作为春节福利发放给公司职工。每台单价 513.28 元，公司购买电暖气收到增值税专用发票，增值税税率为 13%。电暖器已经发放，款项已经支付。

【业务票据】如图 2－69、图 2－70、图 2－71 所示。

付款申请单

付款单编号：fk20××1202007　　申请日期：20×× 年 12 月 20日

款项用途	采购电暖气，支付北京电暖设备有限公司货款		
付款依据（合同名称/合同号）	HT-20××-0007	开票情况	☑已开票 □未开票 □其他
付款金额	人民币（大写）壹万贰仟柒佰陆拾元整	人民币（小写）¥12760.00	
支付方式	□支票 □现金 ☑银行转账 □其他		
收款单位	北京电暖设备有限公司	收款单位开户行	中国工商银行北京西四支行
收款账号	020000280920006685	联系电话	010-6655263

经手人：张玲　　财务经理：乔娜　　总经理：张晨　　领款人：张玲

图 2－69　付款申请单

北京增值税专用发票

1100533117　　发票联　　No 1220001　　1100533117　　1220001

开票日期：20××年12月20日

购买方	名称：北京浩天科技开发有限公司 纳税人识别号：91110109600356920X 地址、电话：北京市海淀区知春路62号 010-5128765 开户行及账号：中国工商银行北京东升路支行 020000620901335698				密码区	4163458656/++669+//1>9>>828/546 /><8+81*5<<29371-++2/-74/**3313 *2662/4375>76</7/-16753>99<.22. >*+9>010-/1<126182>5+9844032355	
货物或应税劳务、服务名称	规格型号	单位	数量	单价	金额	税率	税额
*家用电热取暖器具*电暖器		台	22	513.28	11292.00	13%	1468.00
合计					¥11292.00		¥1468.00
价税合计（大写）	⊗壹万贰仟柒佰陆拾元整				（小写）¥12760.00		
销售方	名称：北京电暖设备有限公司 纳税人识别号：911101156646785801 地址、电话：北京市西城区广义街79号 010-6655263 开户行及账号：中国工商银行北京西三支行 020000280920006685				备注		

收款人：李明　　复核：张燕　　开票人：王一　　销售方：（章）

税总函〔20××〕341号北京印钞有限公司

第三联：发票联 购买方记账凭证

图 2－70　增值税专用发票

ICBC 中国工商银行　　凭证

业务回单（付款）

日期：20××年12月20日　　回单编号：17072000010

付款人户名：北京浩天科技开发有限公司　　付款人开户行：中国工商银行北京东升路支行
付款人账号（卡号）：0200006209013335698
收款人户名：北京电暖设备有限公司　　收款人开户行：中国工商银行北京西三支行
收款人账号（卡号）：0200002809200006685
金额：壹万贰仟柒佰陆拾元整　　小写：12760.00元
业务（产品）种类：转账　　凭证种类：000000000　　凭证号码：0000000000000000
摘要：采购电暖器　　用途：　　币种：人民币
交易机构：0030200112　　记账柜员：00010　　交易代码：87091　　渠道：中间业务后台方式

中国工商银行股份有限公司北京东升路支行 自主回单机专用章（003）

本回单为第2次打印，注意重复　　打印日期：20××年12月20日　　打印柜员：9　　验证码：E07E72FCA006

图 2-71　银行回单

【业务解析】根据相关单据，编制记账凭证：

借：应付职工薪酬——职工福利　　12 760
　贷：银行存款——中国工商银行北京东升路支行　　12 760
借：管理费用——福利费　　12 760
　贷：应付职工薪酬——职工福利　　12 760

【业务 38】在 20××年 12 月 1 日，公司为建造一幢仓库，从银行取得长期借款 800 000 元，期限 3 年，合同年利率为 6.15%（合同利率等于实际利率），不计复利，每年年末计提并支付利息一次，到期一次还本。20××年 12 月 1 日，开始建造仓库。

【业务票据】如图 2-72 所示。

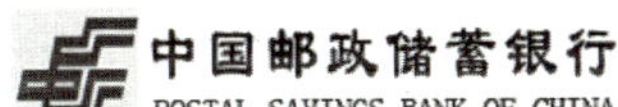

借 款 凭 证　　2133

20×× 年 12 月01 日　　编号：021200439014000105

借款人	全　称	北京浩天科技开发有限公司	收款人	全　称	北京浩天科技开发有限公司
	账　号	91220013010000011588		账　号	91220013010000001123
	开户银行	中国邮政储蓄银行北京东升路支行		开户银行	中国邮政储蓄银行北京东升路支行
金额	人民币捌拾万元整			（小写）	¥800000.00

借款种类：中长期借款　　借款期限：　36　月
借款日期：20××年12　月01日　　到期日期：20××年11月30日　　年利率（%）：6.15
用途：建造仓库　　还款方式：到期一次还本，按年付息

上述借款按编号为（4000105）邮储银借字（20xx）第017031号 借款合同执行

上述借款资金已入收款人账户。

邮政储蓄银行北京分行 会计核算中心 20××.12.01 业务清讫章（07）

（银行签章）

20××.09

第三联　收款人收账通知

会计主管　　前台授权　　初审　　经办 冯琳琳

图 2-72　银行借款单

【业务解析】根据相关单据，编制记账凭证：

借：银行存款——中国邮政储蓄银行 800 000

贷：长期借款——中国邮政储蓄银行 800 000

【业务 39】20××年 12 月 31 日，计提并支付长期借款利息。

【业务票据】如图 2－73、图 2－74、表 2－11 所示。

1100533119　北京增值税普通发票　№ 1216002　1100533119 1216002

发票联

校验码：53245 29648 56497 23615　开票日期：20××年12月31日

购买方	名称：北京浩天科技开发有限公司 纳税人识别号：91110109600356920X 地址、电话：北京市海淀区知春路62号 010-5128765 开户行及账号：中国邮政储蓄北京东升路支行 91220013010000001123				密码区	416345646363</3/-4761>><9>>828 /><8+81*5<<29371-++2/-74/**++ *2662/4375>76</7/-16753>99/< >*+9>010-/1<126182>5+75555222		
货物或应税劳务、服务名称	规格型号	单位	数量	单价	金额	税率	税额	
*金融服务*长期借款利息			1	3867.92	3867.92	6%	232.08	
合计					¥3867.92		¥232.08	
价税合计（大写）	⊗肆仟壹佰元整				（小写）¥4100.00			
销售方	名称：中国邮政储蓄银行股份有限公司北京分行 纳税人识别号：911102100000423001 地址、电话：北京市海淀区东升路28号 010-6655354 开户行及账号：中国邮政储蓄银行北京东升路支行 91220013010000011588				备注			

收款人：王红　复核：孙凯文　开票人：张鹏　销售方：（章）

税总函〔20××〕341号北京印钞有限公司

第二联：发票联 购买方记账凭证

图 2－73　增值税普通发票

ICBC 中国工商银行　凭证

业务回单（付款）

日期：20××年12月31日　回单编号：17072000001

付款人户名：北京浩天科技开发有限公司　付款人开户行：中国工商银行北京东升路支行

付款人账号（卡号）：91220013010000001123

收款人户名：中国邮政储蓄银行股份有限公司北京分行　收款人开户行：中国邮政储蓄银行北京东升路支行

收款人账号（卡号）：91220013010000011588

金额：肆仟壹佰元整　小写：4100.00元

业务（产品）种类：转账　凭证种类：000000000　凭证号码：00000000000000000

摘要：计提并支付长期借款利息　用途：　币种：人民币

交易机构：0030200112　记账柜员：00010　交易代码：87091　渠道：中间业务后台方式

本回单为第2次打印，注意重复　打印日期：20××年12月31日　打印柜员：9　验证码：E07E72FCA006

图 2－74　银行回单

表 2-11　借款利息计算表

20××年 12 月　　　　单位：元

借款单位	本金	起止时间	年利率（%）	计息金额	备注
北京浩天科技开发有限公司	800 000.00	20××.12.01—20××.11.30	6.15	4 100.00	
本月合计				4 100.00	

制单人：乔娜

【业务解析】根据相关单据，编制记账凭证：

借：在建工程　4 100

　贷：应付利息——中国邮政储蓄银行　4 100

借：应付利息——中国邮政储蓄银行　4 100

　贷：银行存款——中国邮政储蓄银行　4 100

2.4 收入类业务

【业务 40】20××年 12 月 17 日，公司以库存商品 50 个电控装置对北京环城商贸有限公司进行投资，双方的协议价为不含税单价 8 000 元。公司向北京环城商贸有限公司开具增值税专用发票。

【业务票据】如图 2-75、图 2-76、图 2-77 所示。

销售出库单

客户名称：北京环城商贸有限公司　　联系电话：010-6651231　　No. ck20××1217009

客户地址：北京市西城区广义街67号　　制单日期：20××年12月17日

序号	批号	品名/规格	单位	数量	单价	金额	有效期	备注
		电控装置	套	50	9040.00	452000.00		
总额（大写）：肆拾伍万贰仟元整				总额（小写）：¥452000.00				

北京浩天科技开发有限公司 送货专用章

制单：李峰　库管：赵强　业务：李峰　复核：王瑞　经理审核：张晨　客户验收：辛文

图 2-75　销售出库单

北京增值税专用发票

1100533112　　　　No12170006　　1100533112
12170006

此联不作报销、扣税凭证使用

开票日期：20××年12月17日

购买方	名　　称：北京环城商贸有限公司 纳税人识别号：911101027915112301 地 址、电 话：北京市西城区广义街67号　010-6651231 开户行及账号：中国工商银行北京西四支行　020000280920003567					密码区	059634766</3/-4761>><9>>828**528 /><8+81*5<<29371-++2/-74/**6653 *2662/4375>76</7/-16753>99<001+ >*+9>010-/1<126182>5+984403/.>>	
货物或应税劳务、服务名称		规格型号	单位	数量	单价	金额	税率	税额
*电工仪表仪器*电控装置			套	50	8000.00	400000.00	13%	52000.00
合　　计						¥400000.00		¥52000.00
价税合计（大写）		⊗肆拾伍万贰仟元整				（小写）　¥452000.00		
销售方	名　　称：北京浩天科技开发有限公司 纳税人识别号：91110109600356920X 地 址、电 话：北京市海淀区知春路62号　010-5128765 开户行及账号：中国工商银行北京东升路支行　020000620901335698					备注		

收款人：王明　　复核：乔娜　　开票人：王明　　销售方：（章）

税总函〔20××〕341号北京印钞有限公司

第一联：记账联　销售方记账凭证

图 2-76　增值税专用发票

投资协议

甲方：北京浩天科技开发有限公司

乙方：北京环城商贸有限公司

经甲乙双方协商，就甲方投资乙方发展产业，双方本着公平、平等、互利的原则订立合作协议如下：

第一条　甲方自愿以<u>　库存商品　</u>投资乙方。

第二条　投资方的出资方式、出资额和占股比例：甲方以<u>　库存商品　</u>作为出资，出资额<u>　45.2　</u>万元人民币。

第三条　本协议各方的权利和义务。

1. 根据《公司法》的规定组成股东大会及董事会，投资方承诺公司的机构及其产生办法、职权、议事规则、法定代表人的担任和财务会计按照《公司法》等国家相关法律规定制定。具体内容见<u>有限责任</u>公司章程。

2. 投资方的责任以其投入资金比例为限。公司的税后利润按投资方对注册资本出资比例由投资方分享。

3. 未经双方书面同意不得擅自泄露本协议内容。

第四条　本协议的修改、变更和终止。

1. 本协议一经签订，投资方不得中途撤股、撤资。

2. 对本协议及其补充协议所做的任何修改、变更，须经双方共同在书面协议上签字方能生效。

第五条　违约责任。

投资方如有不按期履行本协议约定的出资义务的，则视为违约方单方终止本协议，违约方所出的投资金额将作为违约金赔偿给守约方。

第六条　争议的解决。

凡因执行本协议所发生的或与本协议有关的一切争议，双方应通过友好协商解决，如果协商不能解决，则任何各方均有权通过诉讼途径解决。

第七条　本协议未尽事宜，由双方另行签订补充协议，补充协议为本协议的有效组成内容部分，与本协议具有同等法律效力。本协议签订之前，双方之间所协商的任何协议内容与本协议内容有冲突的，以本协议所规定的内容为准。

第八条　本协议自双方各自签字之日起生效。一式两份，双方各执一份，每份具有同等法律效力。

甲方（盖章）：北京浩天科技开发有限公司　　乙方（盖章）：北京环城商贸有限公司

签订日期：20××年12月17日　　签订日期：20××年12月17日

图 2-77　投资协议复印件

【业务解析】根据相关单据及投资协议，编制记账凭证：

借：长期股权投资——北京环城商贸有限公司　　452 000

　贷：主营业务收入——电控装置　　400 000

　　应交税费——应交增值税——销项税额　　52 000

【业务41】20××年12月2日，向北京仪表研究院销售电控装置50套，每套不含税售价8 000元，已收到银行回单，商品已发出。

【业务票据】如图2-78、图2-79、图2-80所示。

1100533112　　北京增值税专用发票　　No 12020001　　1100533112 12020001

此联不作报销、扣税凭证使用　　开票日期：20××年12月02日

税总函〔20××〕341号北京印钞有限公司

购买方	名称：北京仪表研究院 纳税人识别号：911101027915351622 地址、电话：北京市西城区广义街5号　010-6651615 开户行及账号：中国工商银行北京西四支行　020000280920005687				密码区	565+5+/<6127<3-7*71-/<>6-*751/ 933*<75563/1+<5821<5649823232++ -2>*3258+7937<3>>/2199275+/52 >10<=*1*636/7295->58+9<4**7.22		
货物或应税劳务、服务名称	规格型号	单位	数量	单价	金额	税率	税额	
*电工仪表仪器*电控装置		套	50	8000.00	400000.00	13%	52000.00	
合计					¥400000.00		¥52000.00	
价税合计（大写）	⊗ 肆拾伍万贰仟元整				（小写）¥452000.00			
销售方	名称：北京浩天科技开发有限公司 纳税人识别号：911101096003569２0X 地址、电话：北京市海淀区知春路62号　010-5128765 开户行及账号：中国工商银行北京东升路支行　020000620901336698				备注			

第一联：记账联　销售方记账凭证

收款人：王明　　复核：乔娜　　开票人：王明　　销售方：（章）

图2-78　增值税专用发票

ICBC 中国工商银行　　凭证

业务回单（付款）

日期：20××年12月02日　　回单编号：01122233

付款人户名：北京仪表研究所　　付款人开户行：中国工商银行北京西四支行

付款人账号（卡号）：020000280920005687　　收款人开户行：中国工商银行北京东升路支行

收款人户名：北京浩天科技开发有限公司

收款人账号（卡号）：020000620901335698　　小写：452000.00元

金额：肆拾伍万贰仟元整

业务（产品）种类：转账　　凭证种类：000000000　　凭证号码：0000000000000000

摘要：　　用途：销售电控装置　　币种：人民币

交易机构：0030200112　　记账柜员：00010　　交易代码：87091　　渠道：中间业务后台方式

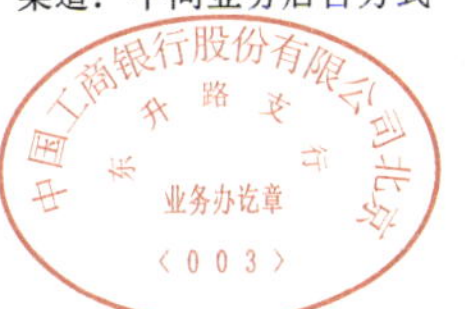

本回单为第2次打印，注意重复　　打印日期：20××年12月02日　　打印柜员：9　　验证码：E07E72FCA006

图2-79　银行回单

销售出库单

客户名称：北京仪表研究院　　联系电话：010-6651615　　No. ck20××1202001

客户地址：北京市西城区广义街5号　　制单日期：20××年12月02日

序号	批号	品名/规格	单位	数量	单价	金额	有效期	备注
	30513959	电控装置	套	50	9040.00	452000.00	20××.12.02	
总额(大写)：肆拾伍万贰仟元整				总额（小写）：¥452000.00				

制单：李峰　库管：赵强　业务：李峰　复核：王瑞　经理审核：张晨　客户验收：王刚

北京浩天科技开发有限公司 送货专用章

图 2-80　销售出库单

【业务解析】根据相关单据，编制记账凭证：

借：银行存款——中国工商银行北京东升路支行　　452 000

　贷：主营业务收入——电控装置　　400 000

　　　应交税费——应交增值税——销项税额　　52 000

【业务 42】20××年 12 月 25 日，向北京华普电子有限公司销售电控装置 30 套，每套不含税单价 8 000 元，货款未收，货已发出。

【业务票据】如图 2-81、图 2-82 所示。

销售出库单

客户名称：北京华普电子有限公司　　联系电话：010-6610816　　No. ck20××1215006

客户地址：北京复兴门内大街45号　　制单日期：20××年12月25日

序号	批号	品名/规格	单位	数量	单价	金额	有效期	备注
	30513961	电控装置	套	30	9040.00	271200.00	20××.12.25	
总额(大写)：贰拾柒万壹仟贰佰元整				总额（小写）：¥271200.00				

制单：李峰　库管：赵强　业务：李峰　复核：王瑞　经理审核：张晨　客户验收：董鹏

北京浩天科技开发有限公司 送货专用章

图 2-81　销售出库单

北京增值税专用发票

1100533112 No12150008 1100533112 12150008

此联不作报销、扣税凭证使用

开票日期：20××年12月25日

购买方	名称：北京华普电子有限公司 纳税人识别号：911101081636801811 地址、电话：北京市复兴门内大街45号 010-6610816 开户行及账号：中国工商银行北京复兴门支行 020000332927221302			密码区	059634766</3/-4761>><9>>828**528 /><8+81*5<<29371-++2/-74/**6653 *2662/4375>76</7/-16753>99<001+ >*+9>010-/1<126182>5+984403/.>>			
货物或应税劳务、服务名称	规格型号	单位	数量	单价	金额	税率	税额	
*电工仪器仪表*电控装置		套	30	8000.00	240000.00	13%	31200.00	
合计					¥240000.00		¥31200.00	
价税合计（大写）	⊗贰拾柒万壹仟贰佰元整				（小写） ¥271200.00			
销售方	名称：北京浩天科技开发有限公司 纳税人识别号：91110109600356920X 地址、电话：北京市海淀区知春路62号 010-5128765 开户行及账号：中国工商银行北京东升路支行 020000620901335698			备注				

收款人：王明 复核：乔娜 开票人：王明 销售方：（章）

税总函[20××]341号北京印钞有限公司

第一联：记账联 销售方记账凭证

图2-82 增值税专用发票

【业务解析】根据相关单据，编制记账凭证：

借：应收账款——北京华普电子有限公司 271 200

贷：主营业务收入——电控装置 240 000

应交税费——应交增值税——销项税额 31 200

【业务43】20××年12月27日，向北京博特科技有限公司销售电控装置70套，每套不含税单价8 000元，货款已收，货已发出。

【业务票据】如图2-83、图2-84、图2-85所示。

北京增值税专用发票

1100533112 No12130009 1100533112 12130009

此联不作报销、扣税凭证使用

开票日期：20××年12月27日

购买方	名称：北京博特科技有限公司 纳税人识别号：91110116102581779K 地址、电话：北京市西城区礼士路33号 010-69685569 开户行及账号：中国工商银行北京礼士路支行 020000361920117246			密码区	059634766</3/-4761>><9>>828 /><8+81*5<<29371-++2/-74/** *2662/4375>76</7/-16753>99< >*+9>010-/1<126182>5+984403			
货物或应税劳务、服务名称	规格型号	单位	数量	单价	金额	税率	税额	
*电工仪器仪表*电控装置		套	70	8000.00	560000.00	13%	72800.00	
合计					¥560000.00		¥72800.00	
价税合计（大写）	⊗陆拾叁万贰仟捌佰元整				（小写） ¥632800.00			
销售方	名称：北京浩天科技开发有限公司 纳税人识别号：91110109600356920X 地址、电话：北京市海淀区知春路62号 010-5128765 开户行及账号：中国工商银行北京东升路支行 020000620901335698			备注				

收款人：王明 复核：乔娜 开票人：王明 销售方：（章）

税总函[20××]341号北京印钞有限公司

第一联：记账联 销售方记账凭证

图2-83 增值税专用发票

销售出库单

客户名称：北京博特科技有限公司　　联系电话：010-69685569　　No. ck20181213007

客户地址：北京市西城区礼士路33号　　制单日期：20××年12月27日

序号	批号	品名/规格	单位	数量	单价	金额	有效期	备注
		电控装置	套	70	9040.00	632800.00		
总额（大写）：陆拾叁万贰仟捌佰元整				总额（小写）：¥632800.00				

制单：李峰　　库管：赵强　　业务：李峰　　复核：王瑞　　经理审核：张晨　　客户验收：程平

北京浩天科技开发有限公司 送货专用章

图 2-84 销售出库单

ICBC 中国工商银行　　凭证

业务回单（收款）

日期：20××年12月27日　　回单编号：17076000001

付款人户名：北京博特科技有限公司　　付款人开户行：中国工商银行北京礼士路支行

付款人账号（卡号）：91110116102581779K

收款人户名：北京浩天科技开发有限公司　　收款人开户行：中国工商银行北京东升路支行

收款人账号（卡号）：020000620901335698

金额：陆拾叁万贰仟捌佰元整　　小写：632800.00元

业务（产品）种类：　　凭证种类：000000000　　凭证号码：00000000000000000

摘要：销售电控装置　　用途：　　币种：人民币

交易机构：0030200150　　记账柜员：00023　　交易代码：52093　　渠道：其他

附言：

支付交易序号：24387675　　报文种类：大额客户发起汇兑业务　　委托日期：20××-12-27

业务类型（种类）：普通汇兑

中国工商银行股份有限公司北京东升路支行 自主回单机专用章

本回单为第1次打印，注意重复　　打印日期：20××年12月27日　　打印柜员：9　　验证码：124DC42B2006

图 2-85 银行回单

【业务解析】根据相关单据，编制记账凭证：

借：银行存款——中国工商银行北京东升路支行　　632 800

　贷：主营业务收入——电控装置　　560 000

　　　应交税费——应交增值税——销项税额　　72 800

【业务 44】20××年 12 月 15 日，北京华普电子有限公司购入换带装置 30 套，每套不含税单价 7 500 元，货款已收，货已发出。

【业务票据】如图 2-86、图 2-87、图 2-88 所示。

销售出库单

客户名称：北京华普电子有限公司　　联系电话：010-6610816　　No. ck20××1215004

客户地址：北京复兴门内大街45号　　制单日期：20××年12月15日

序号	批号	品名/规格	单位	数量	单价	金额	有效期	备注
	30513960	换带装置	套	30	8475.00	254250.00	20××.12.15	
总额(大写)：贰拾伍万肆仟贰佰伍拾元整				总额（小写）：￥254250.00				

北京浩天科技开发有限公司 送货专用章

制单：李峰　　库管：赵强　　业务：李峰　　复核：王瑞　　经理审核：张晨　　客户验收：董鹏

图 2-86 销售出库单

北京增值税专用发票

1100533112　　No 12150005　　1100533112

12150005

此联不作报销、扣税凭证使用　　开票日期：20××年12月15日

购买方	名称：北京华普电子有限公司 纳税人识别号：911101081636801811 地址、电话：北京市复兴门内大街45号 010-6610816 开户行及账号：中国工商银行北京复兴门支行 020000332927221302	密码区	059634766</3/-4761>><9>>828**528 /><8+81*5<<29371-++2/-74/**6653 *2662/4375>76</7/-16753>99<001+ >*+9>010-/1<126182>5+984403/.>>

货物或应税劳务、服务名称	规格型号	单位	数量	单价	金额	税率	税额
*工业仪表*换带装置		套	30	7500.00	225000.00	13%	29250.00
合计					￥225000.00		￥29250.00
价税合计（大写）	⊗贰拾伍万肆仟贰佰伍拾元整				（小写）￥254250.00		

销售方	名称：北京浩天科技开发有限公司 纳税人识别号：91110109600356920X 地址、电话：北京市海淀区知春路62号 010-5128765 开户行及账号：中国工商银行北京东升路支行 020000620901335698	备注	

收款人：王明　　复核：乔娜　　开票人：王明　　销售方：（章）

税总函[20××]341号北京印钞有限公司

第一联：记账联 销售方记账凭证

图 2-87 增值税专用发票

ICBC 中国工商银行 凭证

业务回单（收款）

日期：20××年12月15日 回单编号：17076000005

付款人户名：北京华普电子有限公司 付款人开户行：中国工商银行北京复兴门支行
付款人账号（卡号）：020000332927221302 收款人开户行：中国工商银行北京东升路支行
收款人户名：北京浩天科技开发有限公司
收款人账号（卡号）：020000620901335698 小写：254250.00元
金额：贰拾伍万肆仟贰佰伍拾元整
业务（产品）种类： 凭证种类：000000000 凭证号码：0000000000000000
摘要：购入换带装置 用途： 币种：人民币
交易机构：01122512 记账柜员：00023 交易代码：52093 渠道：其他
附言：
支付交易序号：24387675 报文种类：大额客户发起汇兑业务 委托日期：20××-12-15
业务类型（种类）：普通汇兑

中国工商银行股份有限公司北京东升路支行 自主回单机专用章

本回单为第1次打印，注意重复 打印日期：20××年12月15日 打印柜员：9 验证码：124DC42B2006

图 2-88 银行回单

【业务解析】根据相关单据，编制记账凭证：

借：银行存款——中国工商银行北京东升路支行 254 250

贷：主营业务收入——换带装置 225 000

应交税费——应交增值税——销项税额 29 250

【业务 45】20××年 12 月 31 日，北京仪表研究院采购电控装置 50 套，每套售价 8 000 元，货款未收，货已发出。

【业务票据】如图 2-89、图 2-90 所示。

北京增值税专用发票

1100533112 No 12180010 1100533112 12180010

此联不作报销、扣税凭证使用

开票日期：20××年12月31日

购买方	名称：北京仪表研究院 纳税人识别号：911101027915351622 地址、电话：北京市西城区广义街5号 010-6651615 开户行及账号：中国工商银行北京西四支行 020000280920005687				密码区	028/<6127<3-7*71-/<>6-*751/ 933*<75563/1+<5821<25367348 -2>*3258+7937<3>>/2199275+/ >10<=*1*636/7295->58+9<4**7		
货物或应税劳务、服务名称		规格型号	单位	数量	单价	金额	税率	税额
*电工仪器仪表*电控装置			套	50	8000.00	400000.00	13%	52000.00
合计						¥400000.00		¥52000.00
价税合计（大写）		⊗肆拾伍万贰仟元整				（小写）¥452000.00		
销售方	名称：北京浩天科技开发有限公司 纳税人识别号：91110109600356920X 地址、电话：北京市海淀区知春路62号 010-5128765 开户行及账号：中国工商银行北京东升路支行 020000620901335698				备注			

税总函[20××]341号北京印钞有限公司

第一联：记账联 销售方记账凭证

收款人：王明 复核：乔娜 开票人：王明 销售方：（章）

图 2-89 增值税专用发票

销售出库单

客户名称：北京仪表研究院　　　联系电话：　010-6651615　　　No. ck20181218008

客户地址：北京市西城区广义街5号　　　制单日期：20××年12月30日

序号	批号	品名／规格	单位	数量	单价	金额	有效期	备注
		电控装置	套	50	9040	452000.00		
总额(大写)：肆拾伍万贰仟元整				总额（小写）：￥452000.00				

（印章：北京浩天科技开发有限公司 送货专用章）

制单：李峰　　库管：赵强　　业务：李峰　　复核：王瑞　　经理审核：张晨　　客户验收：王刚

图 2-90　销售出库单

【业务解析】根据相关单据，编制记账凭证：

借：应收账款——北京仪表研究院　　452 000

　贷：主营业务收入——电控装置　　400 000

　　应交税费——应交增值税——销项税额　　52 000

【业务 46】20××年 12 月 11 日，向北京博特科技有限公司销售换带装置 30 套，增值税专用发票上注明不含税单价为 7 500 元，金额 225 000 元，增值税额 29 250 元。合同规定现金折扣条件为“1/20，n/30”，买方于 20××年 12 月 15 日付款，享受现金折扣 2 250 元。

【业务票据】如图 2-91、图 2-92、图 2-93 所示。

1100533112　　**北京增值税专用发票**　　No 1211003　　1100533112 1211003

此联不作报销、扣税凭证使用　　开票日期：20××年12月11日

购买方	名　　称：北京博特科技有限公司 纳税人识别号：91110116102581779K 地 址、电 话：北京市西城区礼士路33号　010-69685569 开户行及账号：中国工商银行北京礼士路支行　020000361920117246			密码区	3525+5+/<6127<3-7*71-/<>6-*751/ 933*<75563/1+<5821<5649823232++ -2>*3258+7937<3>>/2199275+/52 >10<=*1*636/7295->58+9<4**7.22		
货物或应税劳务、服务名称	规格型号	单位	数量	单价	金额	税率	税额
*工业仪表*换带装置		套	30	7500.00	225000.00	13%	29250.00
合　　计					￥225000.00		￥29250.00
价税合计（大写）	⊗ 贰拾伍万肆仟贰佰伍拾元整				（小写）￥254250.00		
销售方	名　　称：北京浩天科技开发有限公司 纳税人识别号：911101096003569２0X 地 址、电 话：北京市海淀区知春路62号　010-5128765 开户行及账号：中国工商银行北京东升路支行　020000620901335698			备注	现金折扣条件为“1/20，n/30”		

收款人：王明　　复核：乔娜　　开票人：王明　　销售方：（章）

税总函〔20××〕341号北京印钞有限公司

第一联：记账联　销售方记账凭证

图 2-91　增值税专用发票

ICBC 中国工商银行 凭证

业务回单（收款）

日期：20××年12月11日

回单编号：17076000001

付款人户名：北京博特科技有限公司 付款人开户行：中国工商银行北京礼士路支行
付款人账号（卡号）：020000361920117246
收款人户名：北京浩天科技开发有限公司 收款人开户行：中国工商银行北京东升路支行
收款人账号（卡号）：020000620901335698
金额：贰拾伍万贰仟元整 小写：252000.00元
业务（产品）种类： 凭证种类：000000000 凭证号码：000000000000000000
摘要：销售换带装置 用途： 币种：人民币
交易机构：0030200150 记账柜员：00023 交易代码：52093 渠道：其他
附言：
支付交易序号：24387675 报文种类：大额客户发起汇兑业务 委托日期：20××-12-11
业务类型（种类）：普通汇兑

中国工商银行股份有限公司北京东升路支行 自主回单机专用章

本回单为第1次打印，注意重复 打印日期：20××年12月11日 打印柜员：9 验证码：124DC42B2006

图 2－92 银行回单

产品购销合同

甲方（买方）：北京博特科技有限公司

乙方（卖方）：北京浩天科技开发有限公司

根据《民法典》等法律、法规的规定，甲乙双方在平等自愿、协商一致的基础上，就甲方购买乙方产品事宜达成以下条款：

第一条 乙方所提供的产品及费用清单。

序号	产品名称	规格型号	数量	含税单价（元）	金额（元）
	换带装置		30	8 475.00	254 250.00
合计	小写：254 250.00 元			大写：贰拾伍万肆仟贰佰伍拾元整	
备注	现金折扣条件为“1/20，n/30”。				

第二条 付款方式：若甲方提前付款，乙方可给予的现金折扣为：20 天内付款，货款折扣 1%，30 天内全额付款。甲方在购货合同签订一周内，应当向乙方预付货款 100 000 元，剩余货款在交货时付清。

第三条 交货期：自收到甲方预付款之日起 3 日内到达甲方指定地点。

第四条 交货地点、费用承担及所有权转移：乙方通过物流发运到甲方指定地点，运费由乙方承担；货物所有权自甲方签收之日起转移，运输途中产品的损毁由乙方自行承担。

第五条 乙方应做好适合物流运输的产品包装，并随货附《货物清单》（加盖合同章），详细注明产品规格及数量，甲方根据货物清单内容验收货物。

第六条 甲方自收到货物起 7 日内可对产品的规格、数量等信息提出异议，乙方必须在 3 日内答复并提出解决方案，否则甲方有权退货并要求乙方承担所有的费用。

第七条 质量保证：

1. 乙方承诺甲方所购买的产品质量和乙方提供的样品一致，有微小差异属于正常情况。

2. 乙方提供的所有产品必须符合国家有关部门的质量要求，如出现质量问题，假一赔十，给甲方造成危害和损失的，承担赔偿责任。

第八条 违约责任：在合同履行期间，乙方延期交货（除双方协商同意外），每延期 1 日，按合同总金额的 2%承担违约责任。

第九条　争端的解决：合同履行过程中出现的一切争端，双方应友好协商解决，协商不成的，任意一方可向有管辖权的人民法院提起诉讼解决。

第十条　合同生效及其他：

1. 本合同未尽事宜，经双方协商后做出书面补充协议，补充协议与本合同具有同等法律效力。
2. 本合同一式四份，双方各执两份，具有同等法律效力。
3. 本合同自双方授权代表签字、单位盖章、预付款到达乙方指定账户之日起生效。

甲方（盖章）：北京博特科技有限公司	乙方（盖章）：北京浩天科技开发有限公司
法定代表人（签字）：李博伟	法定代表人（签字）：王天明
电话：010－69685569	电话：010－5128765
开户银行：中国工商银行北京礼士路支行	开户银行：中国工商银行北京东升路支行
账号：0200003619201117246	账号：0200006209013356 98
签订日期：20××年12月11日	签订日期：20××年12月11日

图 2－93　产品购销合同复印件

【业务解析】根据相关单据及合同，编制记账凭证：

借：应收账款——北京博特科技有限公司　254 250
　贷：主营业务收入——换带装置　225 000
　　应交税费——应交增值税——销项税额　29 250

借：财务费用——手续费　2 250
　贷：应收账款——北京博特科技有限公司　2 250

借：银行存款——中国工商银行北京东升路支行　252 000
　贷：应收账款——北京博特科技有限公司　252 000

【业务 47】20××年 12 月 25 日，业务 46 中销售的产品因质量不合格被退回。销售退回，冲销收入及应收款项。

【业务票据】如图 2－94、图 2－95、图 2－96 所示。

销项负数　北京增值税专用发票　No 0152707

12001501　此联不作报销、扣税凭证使用　12001501 0152707

开票日期：20××年12月25日

购买方	名　称：北京博特科技有限公司 纳税人识别号：91110116102581779K 地 址、电 话：北京市西城区礼士路33号　010-69685569 开户行及账号：中国工商银行北京礼士路支行　0200003619201117246				密码区	028/<6127<3-7*71-/<>6-*751/ 933*<75563/1+<5821<25367348 -2>*3258+7937<3>>/2199275+/ >10<=*1*636/7295->58+9<4**7		
货物或应税劳务、服务名称		规格型号	单位	数量	单价	金额	税率	税额
*工业仪表*换带装置			套	-30	7500.00	-225000.00	13%	-29250.00
合　计						¥-225000.00		¥-29250.00
价税合计（大写）	⊗（负数）贰拾伍万肆仟贰佰伍拾元整					（小写）¥-254250.00		
销售方	名　称：北京浩天科技开发有限公司 纳税人识别号：91110109600356920X 地 址、电 话：北京市海淀区知春路62号　010-5128765 开户行及账号：中国工商银行北京东升路支行　020000620901335698				备注	开具红字增值税专用发票通知单号 1201171412308235		

收款人：王明　复核：乔娜　开票人：王明　销售方：（章）

税总函〔20××〕341号北京印钞有限公司

第一联：记账联　销售方记账凭证

图 2－94　红字增值税专用发票

ICBC 中国工商银行 凭证

业务回单（付款）

日期：20××年12月25日 回单编号：17072000001

付款人户名：北京浩天科技开发有限公司 付款人开户行：中国工商银行北京东升路支行
付款人账号（卡号）：020000620901335698 收款人开户行：中国工商银行北京礼士路支行
收款人户名：北京博特科技有限公司
收款人账号（卡号）：020000361920117246 小写：252000.00元
金额：贰拾伍万贰仟元整 凭证号码：0000000000000000
业务（产品）种类：转账 凭证种类：000000000 币种：人民币
摘要：销售退回 用途：
交易机构：0030200112 记账柜员：00010 交易代码：87091 渠道：中间业务后台方式

本回单为第2次打印，注意重复 打印日期：20××年12月25日 打印柜员：9 验证码：E07E72FCA006

图 2-95 银行回单

退货单

退货单位：北京博特科技有限公司 20××年 12 月 25 日 单位：元

产品名称	单位	数量	单价	金额	备注
换带装置	套	30	7 500.00	225 000.00	因质量问题被退回
合计（大写）贰拾贰万伍仟元整			合计（小写）￥225 000.00		

客户签字：李强 经手人：李峰

图 2-96 退货单

【业务解析】根据相关单据，编制记账凭证：

借：应收账款——北京博特科技有限公司 —254 250
　　贷：主营业务收入——换带装置 —225 000
　　　　应交税费——应交增值税——销项税额 —29 250
借：财务费用——手续费 —2 250
　　贷：应收账款——北京博特科技有限公司 —2 250
借：银行存款——中国工商银行北京东升路支行 —252 000
　　贷：应收账款——北京博特科技有限公司 —252 000

【业务 48】20××年 12 月 28 日，收到北京华普电子有限公司购买电控装置的货款 271 200 元。

【业务票据】如图 2-97 所示。

【业务解析】根据相关单据，编制记账凭证：

借：银行存款——中国工商银行北京东升路支行 271 200
　　贷：应收账款——北京华普电子有限公司 271 200

【业务 49】20××年 12 月 30 日，收到北京华普电子有限公司来函。来函提出，本月所购换带装置不符合合同规定的质量标准，要求公司在价格上给予 10%的销售折让。该商品售价为 225 000 元，增值税额为 29 250 元。公司经研究决定，同意给予折让，同时开具了增值税专用发票（红字）。

【业务票据】如图 2-98、图 2-99、图 2-100、图 2-101 所示。

ICBC 中国工商银行　　凭证

业务回单（收款）

日期：20××年12月28日　　回单编号：17076000001

付款人户名：北京华普电子有限公司　　付款人开户行：中国工商银行北京复兴门支行
付款人账号（卡号）：0200003329272221302
收款人户名：北京浩天科技开发有限公司　　收款人开户行：中国工商银行北京东升路支行
收款人账号（卡号）：0200006209013356988
金额：贰拾柒万壹仟贰佰元整　　小写：271200.00元
业务（产品）种类：　　凭证种类：000000000　　凭证号码：000000000000000000
摘要：收到货款　　用途：　　币种：人民币
交易机构：0030200150　　记账柜员：00023　　交易代码：52093　　渠道：其他
附言：
支付交易序号：24387675　报文种类：大额客户发起汇兑业务　委托日期：20××-12-28
业务类型（种类）：普通汇兑

中国工商银行股份有限公司北京东升路支行 自主回单机专用章

本回单为第1次打印，注意重复　　打印日期：20××年12月28日　　打印柜员：9　　验证码：124DC42B2006

图 2-97　银行回单

产品质量（退货、返修）验收单

编制单位：北京浩天科技开发有限公司　　20××年12月30日　　编号：zlysd20××1230001

产品名称	换带装置	数量	3	验收人	赵强
退货、返修原因	不符合合同规定的质量标准				
备注					
车间	质检人员		车间负责人		企业负责人
	马松		谢刚		张晨

制单人：马松

图 2-98　产品质量验收单

销项负数　　北京增值税专用发票　　No 0152708　　12001501 0152708

12001501

此联不作报销、扣税凭证使用　　开票日期：20××年12月30日

购买方	名称：北京华普电子有限公司 纳税人识别号：911101081636801811 地址、电话：北京市复兴门内大街45号 010-6610816 开户行及账号：中国工商银行北京复兴门支行 0200003329272221302			密码区	028/<6127<3-7*71-/<>6-*751/ 933*<75563/1+<5821<25367348 -2>*3258+7937<3>>/2199275+/ >10<=*1*636/7295->58+9<4**7			
货物或应税劳务、服务名称	规格型号	单位	数量	单价	金额	税率	税额	
*工业仪表*换带装置		套	-3	7500.00	-22500.00	13%	-2925.00	
合计					¥-22500.00		¥-2925.00	
价税合计（大写）	⊗（负数）贰万伍仟肆佰贰拾伍元整				（小写）¥-25425.00			
销售方	名称：北京浩天科技开发有限公司 纳税人识别号：91110109600356920X 地址、电话：北京市海淀区知春路62号 010-5128765 开户行及账号：中国工商银行北京东升路支行 0200006209013356988			备注	开具红字增值税专用发票通知单号 12011714123409564			

税总函〔20××〕341号北京印钞有限公司

第一联：记账联　销售方记账凭证

收款人：王明　　复核：乔娜　　开票人：王明　　销售方：（章）

图 2-99　红字增值税专用发票

ICBC 中国工商银行　　凭证

业务回单（付款）

日期：20××年12月30日　　回单编号：17072000022

付款人户名：北京浩天科技开发有限公司　　付款人开户行：中国工商银行北京东升路支行
付款人账号（卡号）：020000620901335698
收款人户名：北京华普电子有限公司　　收款人开户行：中国工商银行北京复兴门支行
收款人账号（卡号）：020000332927221302
金额：贰万伍仟肆佰贰拾伍元整　　小写：25425.00元
业务（产品）种类：转账　　凭证种类：000000000　　凭证号码：000000000000000000
摘要：给予销售折让　　用途：　　币种：人民币
交易机构：0030200112　　记账柜员：00010　　交易代码：87091　　渠道：中间业务后台方式

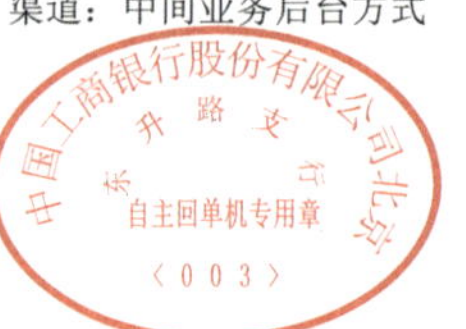

本回单为第2次打印，注意重复　　打印日期：20××年12月30日　　打印柜员：9　　验证码：E07E72FCA006

图 2-100　银行回单

产品购销合同

甲方（买方）：北京华普电子有限公司

乙方（卖方）：北京浩天科技开发有限公司

根据《民法典》等法律、法规的规定，甲乙双方在平等自愿、协商一致的基础上，就甲方购买乙方产品事宜达成以下条款：

第一条　乙方所提供的产品及费用清单。

序号	产品名称	规格型号	数量	含税单价（元）	金额（元）
	换带装置		30	8 475.00	254 250.00
合计	小写：254 250.00 元			大写：贰拾伍万肆仟贰佰伍拾元整	
备注	现金折扣条件为“1/20，n/30”。				

第二条　付款方式：若甲方提前付款，乙方可给予的现金折扣为：20 天内付款，货款折扣 1%，30 天内全额付款。甲方在购货合同签订一周内，应当向乙方预付货款 100 000 元，剩余货款在交货时付清。

第三条　交货期：自收到甲方预付款之日起＿3＿日内到达甲方指定地点。

第四条　交货地点、费用承担及所有权转移：乙方通过物流发运到甲方指定地点，运费由乙方承担；货物所有权自甲方签收之日起转移，运输途中产品的损毁由乙方自行承担。

第五条　乙方应做好适合物流运输的产品包装，并随货附《货物清单》（加盖合同章），详细注明产品规格及数量，甲方根据货物清单内容验收货物。

第六条　甲方自收到货物起 7 日内可对产品的规格、数量等信息提出异议，乙方必须在 3 日内答复并提出解决方案，否则甲方有权退货并要求乙方承担所有的费用。

第七条　质量保证：

1. 乙方承诺甲方所购买的产品质量和乙方提供的样品一致，有微小差异属于正常情况。

2. 乙方提供的所有产品必须符合国家有关部门的质量要求，如出现质量问题，假一赔十，给甲方造成危害和损失的，承担赔偿责任。

第八条　违约责任：在合同履行期间，乙方延期交货（除双方协商同意免除外），每延期 1 日，按合同总金额的 2%承担违约责任。

第九条　争端的解决：合同履行过程中出现的一切争端，双方应友好协商解决，协商不成的，任意一方可向有管辖权的人民法院提起诉讼解决。

第十条　合同生效及其他：
1. 本合同未尽事宜，经双方协商后做出书面补充协议，补充协议与本合同具有同等法律效力。
2. 本合同一式四份，双方各执两份，具有同等法律效力。
3. 本合同自双方授权代表签字、单位盖章、预付款到达乙方指定账户之日起生效。

甲方（盖章）：北京华普电子有限公司	乙方（盖章）：北京浩天科技开发有限公司
法定代表人（签字）：杜婧婷	法定代表人（签字）：王天明
电话：010－6510816	电话：010－5128765
开户银行：中国工商银行北京复兴门支行	开户银行：中国工商银行北京东升路支行
账号：020000332927221302	账号：020000620901335698
签订日期：20××年12月30日	签订日期：20××年12月30日

图 2－101　产品购销合同复印件

【业务解析】根据相关单据，编制记账凭证：

借：银行存款——中国工商银行北京东升路支行　　—25 425
　贷：主营业务收入——换带装置　　—22 500
　　应交税费——应交增值税——销项税额　　—2 925

【业务 50】20××年 12 月 21 日，收到本季度存款利息 552.1 元。

【业务票据】如图 2－102 所示。

ICBC 中国工商银行　　凭证

业务回单（收款）

日期：20××年12月21日　　回单编号：17080000001

付款人户名：　　付款人开户行：
付款人账号（卡号）：　　付款人开户行：中国工商银行北京东升路支行
收款人户名：北京浩天科技开发有限公司
收款人账号（卡号）：020000620901335698
金额：伍佰伍拾贰元壹角整　　小写：552.10元
业务（产品）种类：利息入行　　凭证种类：0　　凭证号码:0
摘要：利息　　用途：　　币种：人民币
交易机构：　　记账柜员：00009　　交易代码：1026　　渠道：批量业务
起息日期：20××-09-21　止息日期：20××-12-21　利率：0.050000%　利息：552.10
计息账户账号：0302010814200004597

中国工商银行股份有限公司北京东升路支行 自主回单机专用章（003）

本回单为第1次打印，注意重复　　打印日期：20××年12月21日　　打印柜员：9　　验证码：B12629437006

图 2－102　银行回单

【业务解析】根据相关单据，编制记账凭证：

借：财务费用——利息收入　　—552.1
　贷：银行存款——中国工商银行北京东升路支行　　—552.1

【业务 51】20××年 12 月 31 日，结转产品销售成本。

【业务票据】如表 2－12 所示。

表 2-12 发出产品成本计算表

编制单位：北京浩天科技开发有限公司　　20××年 12 月　　单位：元

商品购货商	发出日期	商品名称	数量	成本价	总成本	备注
北京环城商贸有限公司	20××.12.17	电控装置	50	2 556.54	127 827.00	
北京仪表研究所	20××.12.20	电控装置	50	2 556.54	127 827.00	
北京华普电子有限公司	20××.12.25	电控装置	30	2 556.54	76 696.20	
北京博特科技有限公司	20××.12.27	电控装置	70	2 556.54	178 957.80	
北京仪表研究所	20××.12.31	电控装置	50	2 556.54	127 827.00	
合计			250		639 135.00	
北京华普电子有限公司	20××.12.15	换带装置	30	2 587.80	77 634.00	
北京仪表研究所	20××.12.17	换带装置	100	2 587.80	258 780.00	
合计			130		336 414.00	
总计			380		975 549.00	

制表人：乔娜

【业务解析】根据相关单据，编制记账凭证：

借：主营业务成本——电控装置　639 135

——换带装置　336 414

贷：库存商品——电控装置　639 135

——换带装置　336 414

费用类业务

【业务 52】20××年 12 月 16 日，支付电费 26 611.5 元，并按实际耗用量分配。

【业务票据】如图 2-103、图 2-104、表 2-13 所示。

【业务解析】根据相关单据，编制记账凭证：

借：制造费用——电费　16 500

管理费用——电费　5 250

销售费用——电费　1 800

应交税费——应交增值税——进项税额　3 061.5

贷：银行存款——中国工商银行北京东升路支行　26 611.5

1100533118

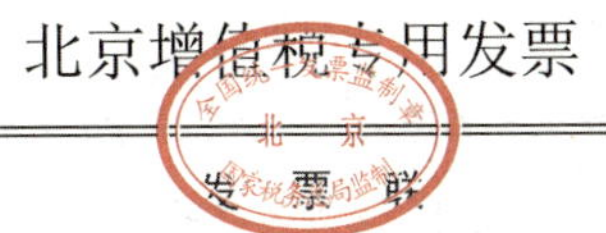

№ 1216001　　1100533118
1216001

开票日期：20××年12月16日

购买方	名　　称：北京浩天科技开发有限公司 纳税人识别号：91110109600356920X 地 址、电 话：北京市海淀区知春路62号　010-5128765 开户行及账号：中国工商银行北京东升路支行　0200000620901335698	密码区	416345646363</3/-4761>><9>>828 /><8+81*5<<29371-++2/-74/**++ *2662/4375>76</7/-16753>99/< >*+9>010-/1<126182>5+75555222

货物或应税劳务、服务名称	规格型号	单位	数量	单价	金额	税率	税额
*电力产品*电费			1	23550.00	23550.00	13%	3061.50
合　　计					¥23550.00		¥3061.50
价税合计（大写）	⊗贰万陆仟陆佰壹拾壹元伍角整				（小写）¥26611.50		

销售方	名　　称：国家电网公司北京电力公司 纳税人识别号：91120116103611031G 地 址、电 话：北京市海淀区信息路甲28号　010-84189460 开户行及账号：中国工商银行北京海淀支行　02150001051270216	备注	国网北京市电力公司 91120116103611031G 发票专用章

收款人：王红　　复核：孙凯文　　开票人：张鹏　　销售方：（章）

税总函[20××]341号北京印钞有限公司

第三联：发票联　购买方记账凭证

图 2－103　增值税专用发票

ICBC 中国工商银行　　凭证

业务回单（付款）

日期：20××年12月16日

回单编号：5698723546

付款人户名：北京浩天科技开发有限公司　　付款人开户行：中国工商银行北京东升路支行

付款人账号（卡号）：0200000620901335698

收款人户名：国家电网公司北京电力公司　　收款人开户行：中国工商银行北京海淀支行

收款人账号（卡号）：02150001051270216

金额：贰万陆仟陆佰壹拾壹元伍角整　　小写：26611.50元

业务（产品）种类：代理业务　　凭证种类：000000000　　凭证号码：0000000000000000

摘要：电费 01254650　　用途：　　币种：人民币

交易机构：0030200111　　记账柜员：00055　　交易代码：08413　　渠道：中间业务后台方式

中国工商银行股份有限公司北京东升路支行　自主回单机专用章（003）

本回单为第2次打印，注意重复　　打印日期：20××年12月16日　　打印柜员：9　　验证码：E07E72FCA006

图 2－104　银行回单

表 2－13　电费实际耗用表

编制单位：北京浩天科技开发有限公司　　20××年 12 月　　单位：元

部门	单价	用电量（度）	金额
生产车间	1.50	11 000.00	16 500.00
管理部门	1.50	3 500.00	5 250.00
销售部门	1.50	1 200.00	1 800.00
合计			23 550.00

制单人：乔娜

【业务 53】20××年 12 月 16 日，支付水费 4 247.45 元，并按实际耗用量分配。

【业务票据】如图 2-105、图 2-106、表 2-14 所示。

1100533119 北京增值税专用发票 No 1216002 1100533119 1216002

发票联

开票日期：20××年12月16日

购买方	名　　称：北京浩天科技开发有限公司 纳税人识别号：91110109600356920X 地 址、电 话：北京市海淀区知春路62号 010-5128765 开户行及账号：中国工商银行北京东升路支行 0200000620901335698			密码区	41634564636 3</3/-4761>><9>>828 /><8+81*5<<29371-++2/-74/**++ *2662/4375>76</7/-16753>99/< >*+9>010-/1<126182>5+75555222		
货物或应税劳务、服务名称	规格型号	单位	数量	单价	金额	税率	税额
*物业服务*水费			1	3896.75	3896.75	9%	350.70
合　　计					¥3896.75		¥350.70
价税合计（大写）	⊗肆仟贰佰肆拾柒元肆角伍分				（小写）¥4247.45		
销售方	名　　称：北京市自来水集团有限责任公司朝阳分公司 纳税人识别号：911103528569543301 地 址、电 话：北京市海淀区信息路甲28号 010-84189460 开户行及账号：中国工商银行北京海淀支行 02150001051287276			备注			

税总函[20××]341号北京印钞有限公司

第三联：发票联 购买方记账凭证

收款人：王红　　复核：孙凯文　　开票人：张鹏　　销售方：（章）

图 2-105　增值税专用发票

ICBC 中国工商银行　　凭证

业务回单（付款）

日期：20××年12月16日　　回单编号：5698723546

付款人户名：北京浩天科技开发有限公司　　付款人开户行：中国工商银行北京东升路支行

付款人账号（卡号）：0200000620901335698

收款人户名：北京市自来水集团有限责任公司朝阳分公司　　收款人开户行：中国工商银行北京海淀支行

收款人账号（卡号）：02150001051287276

金额：肆仟贰佰肆拾柒元肆角伍分　　小写：4247.45元

业务（产品）种类：代理业务　　凭证种类：000000000　　凭证号码：0000000000000000

摘要：水费 01254660　　用途：　　币种：人民币

交易机构：0030200111　　记账柜员：00055　　交易代码：08413　　渠道：中间业务后台方式

本回单为第2次打印，注意重复　　打印日期：20××年12月16日　　打印柜员：9　　验证码：E07E72FCA006

图 2-106　银行回单

表 2-14　水费实际耗用表

编制单位：北京浩天科技开发有限公司　　20××年 12 月　　单位：元

部门	单价	用水量（吨）	金额
生产部门	7.15	480.00	3432.00
管理部门	7.15	50.00	357.50
销售部门	7.15	15.00	107.25
合计			3 896.75

制单人：乔娜

【业务解析】根据相关单据，编制记账凭证：

借：制造费用——水费　3 432
　　管理费用——水费　357.5
　　销售费用——水费　107.25
　　应交税费——应交增值税——进项税额　350.7
　贷：银行存款——中国工商银行北京东升路支行　4 247.45

【业务54】20××年12月8日，支付办公室办公用品及其他物料款980元。

【业务票据】如图2-107、图2-108、图2-109所示。

付款申请单

付款单编号：fk20××1202008　　　　申请日期：20×× 年 12 月 08日

款项用途	购买办公用品，支付北京奥思办公用品有限公司货款		
付款依据（合同名称/合同号）	HT-20××-0008	开票情况	□已开票　☑未开票　□其他
付款金额	人民币（大写）玖佰捌拾元整	人民币（小写）¥980.00	
支付方式	☑支票　□现金　□银行转账　□其他		
收款单位	北京奥思办公用品有限公司	收款单位开户行	中国工商银行北京大兴区青云店支行
收款账号	022150001040697524	联系电话	010-80281144

经手人：张玲　　财务经理：乔娜　　总经理：张晨　　领款人：张玲

图2-107　付款申请单

北京增值税普通发票

111001371058　　发票联　　No 19207103　111001371058　19207103

校验码：53245 29648 56497 23615　　开票日期：20××年12月08日

购买方	名称：北京浩天科技开发有限公司 纳税人识别号：91110109600356920X 地址、电话：北京市海淀区知春路62号　010-5128765 开户行及账号：中国工商银行北京东升路支行　0200000620901335698	密码区	416345646363</3/-4761>><9>>828 /><8+81*5<<29371-++2/-74/**++ *2662/4375>76</7/-16753>99/< >*+9>010-/1<126182>5+75555222

货物或应税劳务、服务名称	规格型号	单位	数量	单价	金额	税率	税额
*办公设备*办公用品		个	1	951.46	951.46	3%	28.54
合计					¥951.46		¥28.54
价税合计（大写）	⊗玖佰捌拾元整				（小写）¥980.00		

销售方	名称：北京奥思办公用品有限公司 纳税人识别号：911101027915556601 地址、电话：北京市大兴区青云店镇三村村委会南　010-80281144 开户行及账号：中国工商银行北京大兴区青云店支行　022150001040697524	备注	（北京奥思办公用品有限公司 911101027915556601 发票专用章）

收款人：王红　　复核：孙凯文　　开票人：张鹏　　销售方：（章）

税总函〔20××〕341号北京印钞有限公司

第二联：发票联　购买方记账凭证

图2-108　增值税普通发票

ICBC 中国工商银行　　凭证

业务回单（付款）

日期：20××年12月08日　　回单编号：01804208

付款人户名：北京浩天科技开发有限公司　　付款人开户行：中国工商银行北京东升路支行
付款人账号（卡号）：020000620901335698
收款人户名：北京奥思办公用品有限公司　　收款人开户行：中国工商银行北京青云店支行
收款人账号（卡号）：022150001040697524
金额：玖佰捌拾元整　　小写：980.00元
业务（产品）种类：转账　　凭证种类：000000000　　凭证号码：10307968
摘要：　　用途：购买办公用品　　币种：人民币
交易机构：0030200112　　记账柜员：00010　　交易代码：87091　　渠道：中间业务后台方式

本回单为第2次打印，注意重复　　打印日期：20××年12月08日　　打印柜员：9　　验证码：E07E72FCA006

图 2-109　银行回单

【业务解析】根据相关单据，编制记账凭证：

借：管理费用——办公费　　980

　贷：银行存款——中国工商银行北京东升路支行　　980

利润类业务

【业务 55】20××年 12 月 19 日，公司按与北京博特科技有限公司签订的销售合同如期发货，对方未履行验货付款义务，将货物退回。根据合同规定，预收定金不退还。（期初数："其他应付款——定金"科目贷方余额 10 000 元）

【业务票据】如图 2-110、图 2-111 所示。

【业务解析】根据相关单据，编制记账凭证：

借：其他应付款——定金　　10 000

　贷：营业外收入——其他　　10 000

【业务 56】20××年 12 月 13 日，公司收到北京兴中科技有限公司捐赠的不需要安装的机器设备（投影仪）一台，机器设备的价值为 6 500 元，增值税进项税额为 845 元（允许抵扣），不考虑其他因素。

【业务票据】如图 2-112、图 2-113 所示。

违约责任说明

1. 买方延付货款或付款后卖方无货，使对方造成损失，应偿付对方此批货款总价 10 %的违约金。

2. 卖方如提前或延期交货不足数量者，卖方应偿付买方此批货款总价 10 %的违约金。买方如不按交货期限收货或拒收合格商品，亦应偿付卖方此批货款总值 10 %的违约金。任意一方如提出增减合同数量、变动交货时间，应提前通知对方，征得其同意，否则应承担经济责任。

3. 卖方所发货品有不合规格、质量或霉烂等情况，买方有权拒绝付款（如已付款，应订明退款退货办法），但需先行办理收货手续，并代为保管和立即通知卖方，因此所发生的一切费用和损失，由卖方负责，如经卖方要求代为处理，并须负责迅速处理，以免造成更大损失，其处理方法由双方协商决定。

4. 如卖方按照销售合同如期发货，而买方未履行验货付款义务，将货物退回，则卖方预收的定金将不再退还。

5. 约定的违约金，视为违约的损失赔偿。双方没有约定违约金或者预先赔偿额的计算方法的，损失赔偿额应当相当于违约金所造成的损失，包括合同履行后可以获得的利益，但不得超过违反合同一方订立合同时应当预见到的因违反合同可能造成的损失。

6. 根据合同规定，预收定金不退还。

甲方签名（公章）：北京浩天科技开发有限公司　　乙方签名（公章）：北京博特科技有限公司
日期：20××年 11 月 11 日　　日期：20××年 11 月 11 日

图 2－110　违约责任说明复印件

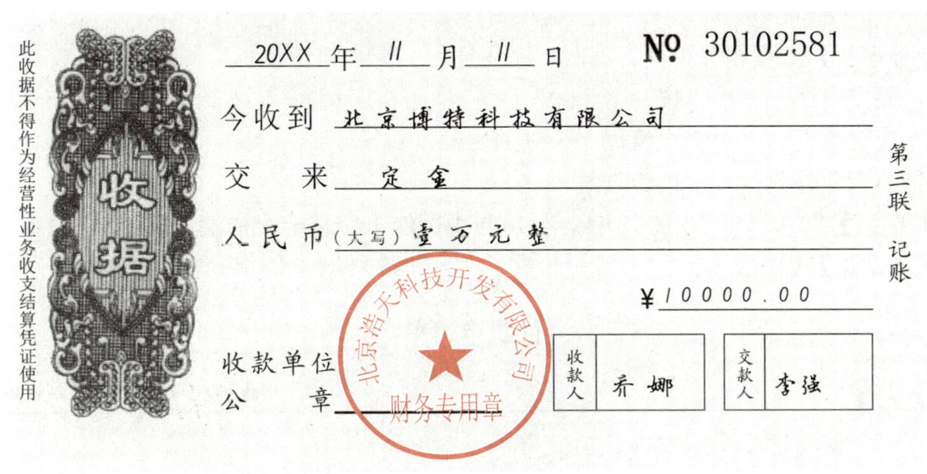
此收据不得作为经营性业务收支结算凭证使用

收据

20XX 年 11 月 11 日　　№ 30102581

今收到 北京博特科技有限公司

交来 定金

人民币（大写）壹万元整

¥10000.00

收款单位公章：北京浩天科技开发有限公司 财务专用章

收款人：乔娜　　交款人：李强

第三联 记账

图 2－111　收据

入库单

供货单位：北京兴中科技有限公司　　入库日期：20××年 12 月 13 日　　入库单号：1112008
业务类型：捐赠　　仓库：其他仓库　　备注：

序号	存货名称	单位	数量	单价	金额
	投影仪	台	1	6 500.00	6 500.00
合计					6 500.00

制单：张玲　　库管：赵强　　检验：张玲　　复核：赵平　　经理审核：张晨　　供应商签字：王红

图 2－112　入库单

1100533114　　北京增值税专用发票　　№ 1213013　　1100533114 1213013

发 票 联

开票日期：20××年12月13日

购买方	名　　称：北京浩天科技开发有限公司 纳税人识别号：91110109600356920X 地 址、电 话：北京市海淀区知春路62号　010-5128765 开户行及账号：中国工商银行北京东升路支行　020000620901335698	密码区	4163458656/++669+//1>9>>828/546 /><8+81*5<<29371-++2/-74/**3313 *2662/4375>76</7/-16753>99<.22. >*+9>010-/1<126182>5+9844032355

货物或应税劳务、服务名称	规格型号	单位	数量	单价	金额	税率	税额
*机器设备*投影仪			1	6500.00	6500.00	13%	845.00
合　　计					¥6500.00		¥845.00
价税合计（大写）	⊗ 柒仟叁佰肆拾伍元整				（小写）¥7345.00		

销售方	名　　称：北京兴中科技有限公司 纳税人识别号：911101156646225601 地 址、电 话：北京市大兴区西西兴隆路28号　010-6128968 开户行及账号：中国工商银行北京大兴支行　020001140902212238	备注	北京兴中科技有限公司 911101156646225601 发票专用章

收款人：王德　　复核：张娇　　开票人：李芳　　销售方：（章）

税总函〔20××〕341号北京印钞有限公司

第三联：发票联 购买方记账凭证

图 2-113　增值税专用发票

【业务解析】根据相关单据，编制记账凭证：

借：固定资产——投影仪　　6 500

　　应交税费——应交增值税——进项税额　　845

　贷：营业外收入——捐赠收益　　7 345

【业务 57】20××年 12 月 28 日，公司向中国红十字基金会捐款 100 000 元。

【业务票据】如图 2-114、图 2-115、图 2-116 所示。

付款申请单

付款单编号：fk20××1210012　　　　申请日期：20×× 年 12 月 28日

款项用途	对外捐赠，支付中国红十字基金会款项		
付款依据（合同名称/合同号）	HT-20××-0012	开票情况	☑已开票　☐未开票　☐其他
付款金额	人民币（大写）壹拾万元整		人民币（小写）　¥100000.00
支付方式	☐ 支票　☐ 现金　☑银行转账　☐ 其他		
收款单位	中国红十字基金会	收款单位开户行	中国工商银行北京西四支行
收款账号	020000280920003549	联系电话	010-8288524

经手人：张玲　　财务经理：乔娜　　总经理：张晨　　领款人：张玲

图 2-114　付款申请单

ICBC 中国工商银行　　凭证

业务回单（付款）

日期：20××年12月28日　　回单编号：17072000021

付款人户名：北京浩天科技开发有限公司　　付款人开户行：中国工商银行北京东升路支行
付款人账号（卡号）：020000620901335698
收款人户名：中国红十字基金会　　收款人开户行：中国工商银行北京西四支行
收款人账号（卡号）：020000280920003549
金额：壹拾万元整　　小写：100000.00元
业务（产品）种类：转账　　凭证种类：000000000　　凭证号码：000000000000000000
摘要：捐款　　用途：　　币种：人民币
交易机构：0030200112　　记账柜员：00010　　交易代码：87091　　渠道：中间业务后台方式

（印章：中国工商银行股份有限公司北京东升路支行 自主回单机专用章 〈003〉）

本回单为第2次打印，注意重复　　打印日期：20××年12月28日　　打印柜员：9　　验证码：E07E72FCA006

图 2-115　银行回单

公益事业捐赠统一票据
UNIFIED INVOICE OF DONATION FOR PUBLIC WELFARE

国　财 00201　　20×× 年 12 月 28 日 Y M D　　No. 11100022

捐赠人 Donor：北京浩天科技开发有限公司

捐赠项目 For purpose	实物（外币）种类 Material obects(Currency)	数量 Amount	千	百	十	万	千	百	十	元	角	分
捐款					1	0	0	0	0	0	0	0
金额合计（小写）In Figures				¥	1	0	0	0	0	0	0	0
金额合计（大写）In Words		× 仟 × 佰 壹拾 零 万 零 仟 零 佰 零 拾 零 元 零 角 零 分										

第二联　收据

接受单位（盖章）Receiver's seal　　复核人：石涛 Verified by　　开票人：王富 Handling person

（印章：中国红十字基金会 结算财务专用章）

感谢您对公益事业的支持！Thank you for support of public welfare

图 2-116　公益事业捐赠票据

【业务解析】根据相关单据，编制记账凭证：

借：营业外支出——捐赠支出　　100 000

　贷：银行存款——中国工商银行北京东升路支行　　100 000

【业务 58】20××年 12 月 8 日，公司用现金支付交通违章罚款 450 元。

【业务票据】如图 2-117 所示。

北京市公安交通管理局

公安交通管理简易程序处罚决定书

现金付讫

编号：1104041008558701

被处罚人：马松　　驾驶证档案编号：110002628946

机动车驾驶证/居民身份证号码：1101051980060551××

准驾车型：B1　　联系方式：1551051××××

车辆牌号：京DCN2××　　车辆类型：小型汽车

发证机关：北京市公安管理局

被处罚人于20××年12月5日10点07分，在东直门外大街15.02千米向东实施驾驶中型以上载客/载货汽车在高速公路上行驶超过规定时速50%的违法行为，违反了《中华人民共和国道路安全交通法》第四十二条，《中华人民共和国道路安全交通法实施条例》第四十五条、第四十六条、第七十八条，《北京市实施〈中华人民共和国道路交通安全法〉办法》第三十九条的规定，依据《中华人民共和国道路安全交通法》第九十九条的规定，处罚款450元。

持本决定书在5日内到邮政储蓄、华润便超、农信用社等网点缴纳罚款，逾期不缴纳的，每日按罚款数额的3%处罚款。

如不服本决定，可以在收到本决定书之日起60日内向北京市公安交通管理局（北京市西城区阜成门北大街1号2楼）申请行政复议，或者在3个月内向北京市西城区人民法院提起行政诉讼。

处罚地点：北京市公安交通管理局朝阳支队

交通警察：马明亮

被处罚人姓名：马松　　20××年12月5日

备注：被处罚人有无异议：无

北京市公安交通管理局 朝阳支队

此联送达被处罚人　根据《机动车驾驶证申领和使用规定》扣12分

图2-117　交通处罚决定书

【业务解析】根据相关单据，编制记账凭证：

借：营业外支出——罚款支出　　450

　贷：库存现金　　450

【业务59】20××年12月31日，结转完工产品成本。

【业务票据】如表2-15、图2-118、图2-119所示。

表2-15　完工产品成本汇总计算表

编制单位：北京浩天科技开发有限公司　　20××年12月　　单位：元

成本项目	电控装置（产量303套）		换带装置（产量60套）	
	单位成本	总成本	单位成本	总成本
直接材料	2 369.75	718 034.00	2 249.38	134 962.80
直接人工	84.97	25 745.28	160.91	9 654.48
制造费用	93.74	28 403.25	177.51	10 651.22
合计	2 548.46	772 182.53	2 587.80	155 268.50

制单人：乔娜

入库单

供货单位：车间　　入库日期：20××年12月15日　　入库单号：1112009

业务类型：产成品入库　　仓库：产成品仓库　　备注：

序号	存货名称	单位	数量	单价	金额
1	电控装置	套	150	2 548.46	382 268.58
2	换带装置	套	60	2 587.80	155 268.50
合计					537 537.08

制单：张玲　库管：赵强　检验：张玲　复核：赵平　经理审核：张晨　供应商签字：

图 2-118　入库单（电控装置、换带装置）

入库单

供货单位：车间　　入库日期：20××年12月28日　　入库单号：1112011

业务类型：产成品入库　　仓库：产成品仓库　　备注：

序号	存货名称	单位	数量	单价	金额
	电控装置	套	153	2 548.46	389 913.95
合计					389 913.95

制单：张玲　库管：赵强　检验：张玲　复核：赵平　经理审核：张晨　供应商签字：

图 2-119　入库单（电控装置）

【业务解析】根据相关单据，编制记账凭证：

借：库存商品——电控装置　　772 182.53

　　　　　——换带装置　　155 268.50

　贷：生产成本——基本生产成本——直接材料（电控装置）　　718 034

　　　　　　——基本生产成本——直接人工（电控装置）　　25 745.28

　　　　　　——基本生产成本——制造费用（电控装置）　　28 403.25

　　　　　　——基本生产成本——直接材料（换带装置）　　134 962.80

　　　　　　——基本生产成本——直接人工（换带装置）　　9 654.48

　　　　　　——基本生产成本——制造费用（换带装置）　　10 651.22

【业务60】20××年12月1日，公司签发现金支票提取备用金15 000元。

【业务票据】如图2-120所示。

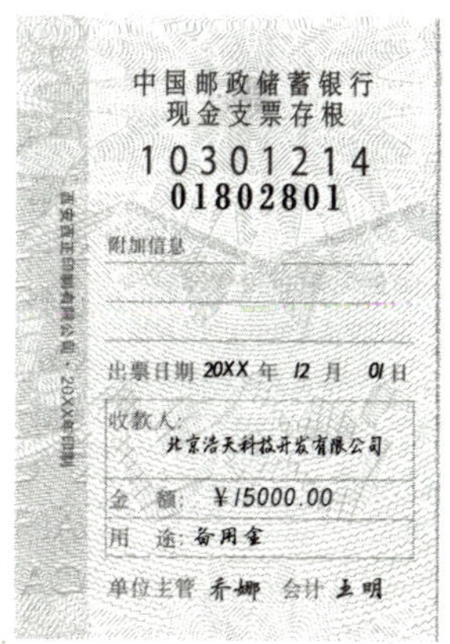
中国邮政储蓄银行
现金支票存根
10301214
01802801
附加信息
出票日期 20XX 年 12 月 01 日
收款人：北京浩天科技开发有限公司
金　额：¥15000.00
用　途：备用金
单位主管 乔娜　会计 王明

图 2-120　现金支票存根

【业务解析】根据相关单据，编制记账凭证：

借：库存现金　　15 000

　贷：银行存款——中国邮政储蓄银行　　15 000

【业务 61】20××年 12 月 5 日，办公室李勇报销交通费 55 元和业务招待费 285 元。

【业务票据】如图 2－121、图 2－122、图 2－123 所示。

报销凭单

现金付讫

单位：北京浩天科技开发有限公司　　　　日期：20XX年12月05日

部门	办公室	经手人	李勇
报销方式	☑现金　☐电汇　☐支票 ☐冲借款（借款日期：　年　月，借款：　元，另付现金：　元）		
用　途	报销费用		
报销金额（大写）：叁佰肆拾元整		报销金额（小写）：¥340.00	
总经理	张晨	财务经理	乔娜

核算：乔娜　　会计：王明　　领款人：李勇

图 2－121　报销凭单

211001272401　　**北京增值税普通发票**　　No 04782401　211001272401　04782401

发票联

（印章：全国统一发票监制章 北京 国家税务局监制）

校验码：589900298102　　开票日期：20××年12月05日

购买方	名　　称：北京浩天科技开发有限公司 纳税人识别号：91110109600356920X 地 址、电 话：北京市海淀区知春路62号　010-5128765 开户行及账号：中国工商银行北京东升路支行　020000620901335698			密码区	5433**+63</3/-4761>><9>>828 /><8+81*5<<29371-++2/-74/**++ *2662/4375>76</7/-16753>99/< >*+9>010-/1<126182>5+755533++*		

货物或应税劳务、服务名称	规格型号	单位	数量	单价	金额	税率	税额
*餐饮服务*餐费		次	1	276.70	276.70	3%	8.30
合　　计					¥276.70		¥8.30
价税合计（大写）	⊗ 贰佰捌拾伍元整				（小写）¥285.00		

销售方	名　　称：北京宏源广业餐饮有限公司 纳税人识别号：911101066782116771 地 址、电 话：北京市朝阳区西大望路1号楼底　010-67735102 开户行及账号：中国工商银行北京朝阳区支行　020000062905467821	备注	（印章：北京宏源广业餐饮有限公司 911101066782116771 发票专用章）

收款人：李莉　　复核：刘凯　　开票人：卢佳　　销售方：（章）

税总函〔20××〕341号北京印钞有限公司

第二联：发票联　购买方记账凭证

图 2－122　增值税普通发票

北京市出租汽车专用发票
北京市
发票联

代码： 111001481001

号码： 06017201

开票日期： 20××-12-05

单位： 01586

证号： 018266

电话： 8845763

车号： B-D3628

起止时间： 16:25-16:50

单价： 2.30

里程： 17.8

等候时间： 0：57

附加费： ¥1.00

金额： ¥55.00

卡号： ------

卡原额： --------

图 2-123 出租车发票

【业务解析】根据相关单据，编制记账凭证：

借：管理费用——交通费 55

——业务招待费 285

贷：库存现金 340

【业务 62】20××年 12 月 7 日，公司转账支付广告费 12 000 元。

【业务票据】如图 2-124、图 2-125、图 2-126 所示。

付款申请单

付款单编号：fk20××1202010 申请日期： 20×× 年 12 月 07日

款项用途	支付北京定向广告传媒公司广告费。		
付款依据（合同名称/合同号）	HT-20××-0010	开票情况	□已开票 ☑未开票 □其他
付款金额	人民币（大写）壹万贰仟元整		人民币（小写） ¥12000.00
支付方式	□支票 □现金 ☑银行转账 □其他		
收款单位	北京定向广告传媒公司	收款单位开户行	中国工商银行北京上地支行
收款账号	020033631710001548	联系电话	010-8283684

经手人：张玲 财务经理：乔娜 总经理：张晨 领款人：张玲

图 2-124 付款申请单

111001371058　　北京增值税普通发票　　№ 19207102　111001371058 19207102

校验码：53245 29648 56497 23615　　　　开票日期：20××年12月07日

购买方
名　　称：北京浩天科技开发有限公司
纳税人识别号：91110109600356920X
地 址、电 话：北京市海淀区知春路62号　010-5128765
开户行及账号：中国工商银行北京东升路支行　020000620901335698

密码区
4163458656/++669+//1>9>>828/546
/><8+81*5<<29371-++2/-74/**3313
*2662/4375>76</7/-16753>99<.22.
>*+9>010-/1<126182>5+9844032355

货物或应税劳务、服务名称	规格型号	单位	数量	单价	金额	税率	税额
*广告服务*广告制作费			1	11650.49	11650.49	3%	349.51
合　　计					¥11650.49		¥349.51
价税合计（大写）	⊗ 壹万贰仟元整				（小写）¥12000.00		

销售方
名　　称：北京定向广告传媒公司
纳税人识别号：911101087423228101
地 址、电 话：北京市海淀区上地东里二区1号楼　010-8283684
开户行及账号：中国工商银行北京上地支行　020033631710001548

备注：北京定向广告传媒公司 911101087423228101 发票专用章

收款人：　　复核：　　开票人：蒋林　　销售方：（章）

税总函〔20××〕341号北京印钞有限公司

第二联：发票联　购买方记账凭证

图 2 - 125　增值税普通发票

ICBC 中国工商银行　　凭证

业务回单（付款）

日期：20××年12月07日　　回单编号：01804207

付款人户名：北京浩天科技开发有限公司　　付款人开户行：中国工商银行北京东升路支行
付款人账号（卡号）：020000620901335698　　收款人开户行：中国工商银行北京上地支行
收款人户名：北京定向广告传媒公司
收款人账号（卡号）：020033631710001548
金额：壹万贰仟元整　　小写：12000.00元
业务（产品）种类：转账　　凭证种类：000000000　　凭证号码：10307968
摘要：　　用途：支付广告费　　币种：人民币
交易机构：0030200112　　记账柜员：00010　　交易代码：87091　　渠道：中间业务后台方式

本回单为第2次打印，注意重复　　打印日期：20××年12月07日　　打印柜员：9　　验证码：E07E72FCA006

图 2 - 126　银行回单

【业务解析】根据相关单据，编制记账凭证：

借：管理费用——广告费　　12 000

　贷：银行存款——中国工商银行北京东升路支行　　12 000

【业务 63】20××年 12 月 15 日，公司缴纳上月各项税费：增值税 3 369.69 元，城市维护建设税 235.88 元，教育费附加 101.09 元，地方教育费附加 67.39 元，个人所得税 177.05 元，印花税 17.25 元。(期初数："应交税费"科目贷方余额 3 968.35 元)

【业务票据】如图 2－127、图 2－128、图 2－129、图 2－130 所示。

ICBC 中国工商银行　　凭　证

中国工商银行电子缴税付款凭证　　NO. 00077015

转账日期：20××年12月15日　　凭证字号：2011030600401801

纳税人全称及纳税人识别号：北京浩天科技开发有限公司 91110109600356920X

付款人全称：北京浩天科技开发有限公司

付款人账号：020000620901335698　　征收机关名称：国家税务总局北京市海淀区税务局第七税务所

付款人开户银行：中国工商银行北京东升路支行　　收款国库（银行）名称：国家金库北京分库

小写（合计）金额：￥3369.69　　缴款书交易流水号：17169738

大写（合计）金额：叁仟叁佰陆拾玖元陆角玖分　　税票号码：112016141102482674

税（费）种名称	所属日期	实缴金额(单位：元)
增值税	20××1101-20××1130	3369.69

第　1　次打印　　打印时间：20××年12月15日

客户回单联　　验证码：2B583FAD4006　　复核　李明光　　记账　董凤

图 2－127　电子缴税回单（增值税）

ICBC 中国工商银行　　凭　证

中国工商银行电子缴税付款凭证　　NO. 00077016

转账日期：20××年12月15日　　凭证字号：2011030600401802

纳税人全称及纳税人识别号：北京浩天科技开发有限公司 91110109600356920X

付款人全称：北京浩天科技开发有限公司

付款人账号：020000620901335698　　征收机关名称：国家税务总局北京市海淀区税务局第七税务所

付款人开户银行：中国工商银行北京东升路支行　　收款国库（银行）名称：国家金库北京分库

小写（合计）金额：￥404.36　　缴款书交易流水号：17169739

大写（合计）金额：肆佰零肆元叁角陆分　　税票号码：112016141102482675

税（费）种名称	所属日期	实缴金额(单位：元)
城市维护建设税	20××1101-20××1130	235.88
教育费附加	20××1101-20××1130	101.09
地方教育费附加	20××1101-20××1130	67.39

第　1　次打印　　打印时间：20××年12月15日

客户回单联　　验证码：2B583FAD4006　　复核　李明光　　记账　董凤

图 2－128　电子缴税回单（城市维护建设税等）

ICBC 中国工商银行 凭 证

中国工商银行电子缴税付款凭证 NO. 00077017

转账日期：20××年12月15日 凭证字号：2011030600401803

纳税人全称及纳税人识别号：北京浩天科技开发有限公司 911101096003569 20X

付款人全称：北京浩天科技开发有限公司

付款人账号：020000620901335698 征收机关名称：国家税务总局北京市海淀区税务局第七税务所

付款人开户银行：中国工商银行北京东升路支行 收款国库（银行）名称：国家金库北京分库

小写（合计）金额：¥177.05 缴款书交易流水号：17169740

大写（合计）金额：壹佰柒拾柒元零伍分 税票号码：112016141102482676

税（费）种名称	所属日期	实缴金额(单位：元)
个人所得税	20××1101-20××1130	177.05

第 1 次打印 打印时间：20××年12月15日

客户回单联 验证码：2B583FAD4006 复核 李明光 记账 董凤

图 2-129 电子缴税回单（个人所得税）

ICBC 中国工商银行 凭 证

中国工商银行电子缴税付款凭证 NO. 00077018

转账日期：20××年12月15日 凭证字号：2011030600401804

纳税人全称及纳税人识别号：北京浩天科技开发有限公司 911101096003569 20X

付款人全称：北京浩天科技开发有限公司

付款人账号：020000620901335698 征收机关名称：国家税务总局北京市海淀区税务局第七税务所

付款人开户银行：中国工商银行北京东升路支行 收款国库（银行）名称：国家金库北京分库

小写（合计）金额：¥17.25 缴款书交易流水号：17169741

大写（合计）金额：壹拾柒元贰角伍分 税票号码：112016141102482677

税（费）种名称	所属日期	实缴金额(单位：元)
印花税	20××1101-20××1130	17.25

中国工商银行股份有限公司北京 东升路支行 自助回单机专用章 (003)

第 1 次打印 打印时间：20××年12月15日

客户回单联 验证码：2B583FAD4006 复核 李明光 记账 董凤

图 2-130 电子缴税回单（印花税）

【业务解析】根据相关单据，编制记账凭证：

借：应交税费——未交增值税 3 369.69

　贷：银行存款——中国工商银行北京东升路支行 3 369.69

借：应交税费——应交城市维护建设税　235.88
　　　　　——应交教育费附加　101.09
　　　　　——应交地方教育费附加　67.39
　贷：银行存款——中国工商银行北京东升路支行　404.36
借：应交税费——应交个人所得税　177.05
　贷：银行存款——中国工商银行北京东升路支行　177.05
借：应交税费——应交印花税　17.25
　贷：银行存款——中国工商银行北京东升路支行　17.25

【业务 64】20××年 12 月 7 日，公司支付申请办理银行汇票手续费。

【业务票据】如图 2－131、图 2－132 所示。

ICBC 中国工商银行　凭证

业务回单（付款）

日期：20××年12月07日　回单编号：17072000001

付款人户名：北京浩天科技开发有限公司　付款人开户行：中国工商银行北京东升路支行
付款人账号（卡号）：020000620901335698　收款人开户行：
收款人户名：
收款人账号（卡号）：　小写：10.50元
金额：壹拾元伍角整　凭证号码：0000000000000000
业务（产品）种类：转账　凭证种类：000000000　币种：人民币
摘要：手续费　用途：
交易机构：0030200112　记账柜员：00010　交易代码：87091　渠道：中间业务后台方式

打印日期：　打印柜员：　验证码：

图 2－131　银行回单

111001371058　北京增值税普通发票　No 19207103　111001371058 19207103

发票联

校验码：53245 29648 56497 23615　开票日期：20××年12月07日

购买方	名　称：北京浩天科技开发有限公司 纳税人识别号：91110109600356920X 地 址、电 话：北京市海淀区知春路62号　010-5128765 开户行及账号：中国工商银行北京东升路支行　020000620901335698			密码区	416345646363</3/-4761>><9>>828 /><8+81*5<<29371-++2/-74/**++ *2662/4375>76</7/-16753>99/< >*+9>010-/1<126182>5+75555222		
货物或应税劳务、服务名称	规格型号	单位	数量	单价	金额	税率	税额
*金融服务*手续费			1	9.90	9.90	6%	0.60
合　计					¥9.90		¥0.60
价税合计（大写）	⊗ 壹拾元伍角整				（小写）¥10.50		
销售方	名　称：中国工商银行股份有限公司北京东升路支行 纳税人识别号：91120103803061843N 地 址、电 话：北京市海淀区东升路115号　010-23011733 开户行及账号：中国工商银行北京东升路支行　203120192001012965			备注			

收款人：王红　复核：孙凯文　开票人：张鹏　销售方：（章）

税总函〔2×××〕341号北京印钞有限公司

第二联：发票联　购买方记账凭证

图 2－132　增值税普通发票

【业务解析】根据相关单据，编制记账凭证：

借：财务费用——手续费　10.5

　贷：银行存款——中国工商银行北京东升路支行　10.5

【业务65】20××年12月8日，公司缴纳11月社会保险费29 982.81元。

【业务票据】如图2-133、图2-134、表2-16所示。

北京市社会保险基金专用收据

单位名称：北京浩天科技开发有限公司 20××年12月08日　单位代码:70743381-8　No.010201412

当月社会保险费明细

基本养老：19087.2　基本医疗：9543.60　医疗救助：0.00
门诊大额：0.00　工伤：159.06　失业：795.30
生育：397.65

补(预)缴社会保险费明细

付款人账号/现金/支票/POS		0220000620901335698	票据打印时间	20××1208　12:45
社保流水	20××120812377		银行流水	84350033
金　额	人民币(小写)	￥29982.81		
	人民币(大写)	贰万玖仟玖佰捌拾贰元捌角壹分		

北京市路征印务有限公司印刷

第二联 收据联

手写无效

收款单位(盖章)：　收款人：王智

注：无收款单位收讫章无效

图2-133　社会保险基金专用票据

ICBC 中国工商银行　凭证

业务回单（付款）

日期：20××年12月08日　回单编号：1562011135

付款人户名：北京浩天科技开发有限公司　付款人开户行：中国工商银行北京东升路支行
付款人账号（卡号）：020000620901335698
收款人户名：北京市社会保险基金管理中心　收款人开户行：中国工商银行北京市海淀西区支行
收款人账号（卡号）：0200004509024901585
金额：贰万玖仟玖佰捌拾贰元捌角壹分　小写：29982.81元
业务（产品）种类：转账　凭证种类：000000000　凭证号码：0000000000000000
摘要：社险01123180　用途：　币种：人民币
交易机构：0030200112　记账柜员：00010　交易代码：87091　渠道：中间业务后台方式

打印日期：20××1208　打印柜员：09　验证码：C8V7D8751005

图2-134　银行回单

表 2-16　工资表

编制单位：北京浩天科技开发有限公司　　20××年 11 月　　单位：元

部门	姓名	工资	补贴、补助、奖金					收入合计	社会保险（单位）						社会保险（个人）				公积金	个人所得税	扣款合计	实发工资
			外出补贴	通信补助	交通补助	奖金	合计		养老(16%)	医疗(10%)	失业(0.50%)	工伤(0.20%)	生育(0.50%)	合计	养老(8%)	医疗(2%)	失业(0.50%)	合计				
总经理室	张晨	10 000.00		300.00	1 000.00		1 300.00	11 300.00	1 808.00	1 130.00	56.50	22.60	56.50	3 073.60	904.00	226.00	56.50	1 186.50	1 243.00	177.05	2 606.55	8 693.45
采购部	赵平	3 000.00	100.00	200.00	200.00		500.00	3 500.00	560.00	350.00	17.50	7.00	17.50	952.00	280.00	70.00	17.50	367.50	385.00		752.50	2 747.50
采购部	张玲	2 000.00	100.00	100.00	100.00	500.00	800.00	2 800.00	448.00	280.00	14.00	5.60	14.00	761.60	224.00	56.00	14.00	294.00	308.00		602.00	2 198.00
销售部	王瑞	3 000.00	100.00	200.00	200.00		500.00	3 500.00	560.00	350.00	17.50	7.00	17.50	952.00	280.00	70.00	17.50	367.50	385.00		752.50	2 747.50
销售部	李峰	2 000.00	100.00	100.00	100.00	500.00	800.00	2 800.00	448.00	280.00	14.00	5.60	14.00	761.60	224.00	56.00	14.00	294.00	308.00		602.00	2 198.00
财务部	乔娜	5 000.00		200.00	200.00		400.00	5 400.00	864.00	540.00	27.00	10.80	27.00	1 468.80	432.00	108.00	27.00	567.00	594.00		1 161.00	4 239.00
财务部	王明	3 000.00		200.00	100.00		300.00	3 300.00	528.00	330.00	16.50	6.60	16.50	897.60	264.00	66.00	16.50	346.50	363.00		709.50	2 590.50
人力资源部	李勇	5 000.00		200.00	200.00		400.00	5 400.00	864.00	540.00	27.00	10.80	27.00	1 468.80	432.00	108.00	27.00	567.00	594.00		1 161.00	4 239.00
人力资源部	吴韧	3 000.00		200.00	100.00		300.00	3 300.00	528.00	330.00	16.50	6.60	16.50	897.60	264.00	66.00	16.50	346.50	363.00		709.50	2 590.50
生产车间主任	谢刚	4 000.00		200.00		1 000.00	1 200.00	5 200.00	832.00	520.00	26.00	10.40	26.00	1 414.40	416.00	104.00	26.00	546.00	572.00		1 118.00	4 082.00
生产车间副主任	夏炎	4 000.00		200.00		1 000.00	1 200.00	5 200.00	832.00	520.00	26.00	10.40	26.00	1 414.40	416.00	104.00	26.00	546.00	572.00		1 118.00	4 082.00
电控装置组生产车间	陈明	1 500.00				1 030.00	1 030.00	2 530.00	404.80	253.00	12.65	5.06	12.65	688.16	202.40	50.60	12.65	265.65			2 65.65	2 264.35
电控装置组生产车间	刘建	1 500.00				1 030.00	1 030.00	2 530.00	404.80	253.00	12.65	5.06	12.65	688.16	202.40	50.60	12.65	265.65			265.65	2 264.35
电控装置组生产车间	王坤	1 500.00				1 030.00	1 030.00	2 530.00	404.80	253.00	12.65	5.06	12.65	688.16	202.40	50.60	12.65	265.65			265.65	2 264.35
电控装置组生产车间	赵强	1 500.00				1 030.00	1 030.00	2 530.00	404.80	253.00	12.65	5.06	12.65	688.16	202.40	50.60	12.65	265.65			265.65	2 264.35
电控装置组生产车间	马松	1 500.00				1 030.00	1 030.00	2 530.00	404.80	253.00	12.65	5.06	12.65	688.16	202.40	50.60	12.65	265.65			265.65	2 264.35
电控装置组生产车间	孙军	1 500.00				1 030.00	1 030.00	2 530.00	404.80	253.00	12.65	5.06	12.65	688.16	202.40	50.60	12.65	265.65			265.65	2 264.35
电控装置组生产车间	冯辉	1 500.00				1 030.00	1 030.00	2 530.00	404.80	253.00	12.65	5.06	12.65	688.16	202.40	50.60	12.65	265.65			265.65	2 264.35
电控装置组生产车间	沈海军	1 500.00				1 030.00	1 030.00	2 530.00	404.80	253.00	12.65	5.06	12.65	688.16	202.40	50.60	12.65	265.65			265.65	2 264.35
换带装置组生产车间	周一	1 500.00				1 030.00	1 030.00	2 530.00	404.80	253.00	12.65	5.06	12.65	688.16	202.40	50.60	12.65	265.65			265.65	2 264.35
换带装置组生产车间	郑旭	1 500.00				1 030.00	1 030.00	2 530.00	404.80	253.00	12.65	5.06	12.65	688.16	202.40	50.60	12.65	265.65			265.65	2 264.35
换带装置组生产车间	韩晓明	1 500.00				1 030.00	1 030.00	2 530.00	404.80	253.00	12.65	5.06	12.65	688.16	202.40	50.60	12.65	265.65			265.65	2 264.35
合计		60 500.00	400.00	2 100.00	2 200.00	14 330.00	19 030.00	79 530.00	12 724.80	7 953.00	397.65	159.06	397.65	21 632.16	6 362.40	1 590.60	397.65	8 350.65	5 687.00	177.05	14 214.70	65 315.30

制表人：李勇

【业务解析】根据相关单据，编制记账凭证：

借：应付职工薪酬——社会保险　　21 632.16

　　其他应付款——社会保险（个人负担）　　8 350.65

　贷：银行存款——中国工商银行北京东升路支行　　29 982.81

【业务 66】20××年 12 月 26 日，公司交纳住房公积金 11 374 元。

【业务票据】如图 2－135、图 2－136、图 2－137 所示，工资表见表 2－16。

北京市住房公积金单位缴存汇总表

单位名称	北京浩天科技开发有限公司			
单位代码	70743381-8	汇缴年月	20×× 年 12 月	
项目	增加		封存减少	调整差额
	新开户	启封		
人数				-
月缴金额			-	
项目	本月汇缴	个人补偿		合计
人数	22			
缴存金额	11 374.00			11374.00
缴存金额合计（大写）×仟 ×佰 ×拾 壹万 壹仟 叁佰 柒拾 肆元 零角 零分				
单位签章：北京浩天科技开发有限公司 财务专用章		管理部或分中心签章：北京市社会保险基金管理中心 营业部 业务专用章（5）		

一式三份，中心、建设银行、单位各留存一份。

图 2－135　公积金缴存汇总表

付款申请单

付款单编号：fk20××1210011　　申请日期：20×× 年 12 月 26日

款项用途	缴纳公积金，支付北京市社会保险基金管理中心款项		
付款依据（合同名称/合同号）	HT-20××-0011	开票情况	☑已开票 ☐未开票 ☐其他
付款金额	人民币（大写）壹万壹仟叁佰柒拾肆元整		人民币（小写）￥11374.00
支付方式	☐支票 ☐现金 ☑银行转账 ☐其他		
收款单位	北京市社会保险基金管理中心	收款单位开户行	中国工商银行北京上地支行
收款账号	020033631510001368	联系电话	010-6284325

经手人：张玲　　财务经理：乔娜　　总经理：张晨　　领款人：张玲

图 2－136　付款申请单

ICBC 中国工商银行　　凭证

业务回单（付款）

日期：20××年12月26日　　回单编号：17072000001

付款人户名：北京浩天科技开发有限公司　　付款人开户行：中国工商银行北京东升路支行
付款人账号（卡号）：0200006209013356698
收款人户名：北京市社会保险基金管理中心　　收款人开户行：中国工商银行北京上地支行
收款人账号（卡号）：020033631510001368
金额：壹万壹仟叁佰柒拾肆元整　　小写：11374.00元
业务（产品）种类：转账　　凭证种类：000000000　　凭证号码：00000000000000000
摘要：缴纳公积金　　用途：　　币种：人民币
交易机构：0030200112　　记账柜员：00010　　交易代码：87091　　渠道：中间业务后台方式

中国工商银行股份有限公司北京东升路支行 自主回单机专用章（003）

本回单为第2次打印，注意重复　　打印日期：20××年12月26日　　打印柜员：9　　验证码：E07E72FCA006

图 2-137　银行回单

【业务解析】根据相关单据，编制记账凭证：

借：应付职工薪酬——住房公积金　　5 687
　　其他应付款——住房公积金（个人负担）　　5 687
　贷：银行存款——中国工商银行北京东升路支行　　11 374

【业务 67】20××年 12 月 20 日，公司转账支付展销费 20 000 元。

【业务票据】如图 2-138、图 2-139、图 2-140 所示。

付款申请单

付款单编号：fk20××1210012　　申请日期：20×× 年 12 月 20 日

款项用途	公司展销费，支付北京景洲会展有限公司费用		
付款依据（合同名称/合同号）	HT-20××-0050	开票情况	☑已开票　☐未开票　☐其他
付款金额	人民币（大写）贰万元整		人民币（小写）¥20000.00
支付方式	☐支票　☐现金　☑银行转账　☐其他		
收款单位	北京景洲会展有限公司	收款单位开户行	中国工商银行北京上地支行
收款账号	020000280920003549	联系电话	010-8285896

经手人：张玲　　财务经理：乔娜　　总经理：张晨　　领款人：张玲

图 2-138　付款申请单

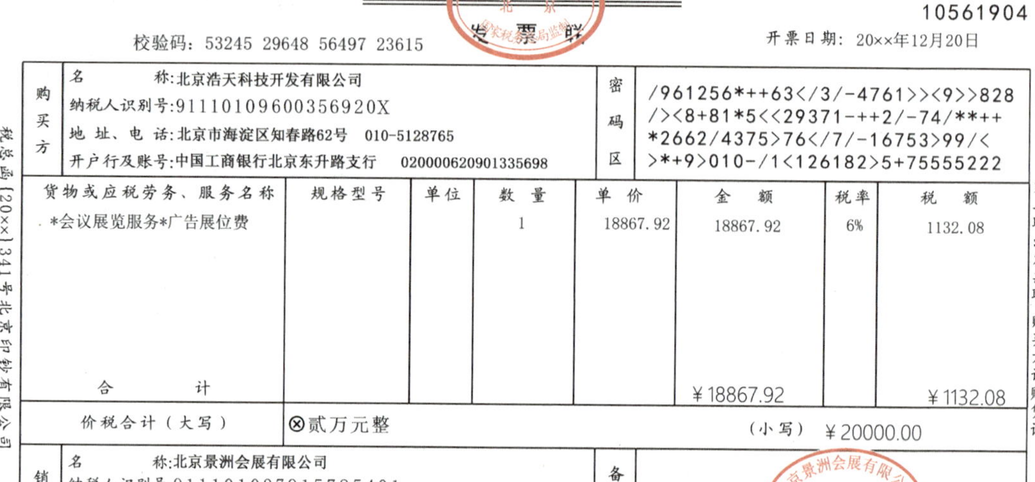

21201404068　　北京增值税普通发票　　№ 10561904　21201404068 10561904

发票联

校验码：53245 29648 56497 23615　　开票日期：20××年12月20日

购买方	名　　称：北京浩天科技开发有限公司 纳税人识别号：91110109600356920X 地 址、电 话：北京市海淀区知春路62号 010-5128765 开户行及账号：中国工商银行北京东升路支行 020000620901335698	密码区	/961256*++63</3/-4761>><9>>828 /><8+81*5<<29371-++2/-74/**++ *2662/4375>76</7/-16753>99/< >*+9>010-/1<126182>5+75555222

货物或应税劳务、服务名称	规格型号	单位	数量	单价	金额	税率	税额
*会议展览服务*广告展位费			1	18867.92	18867.92	6%	1132.08
合　计					¥18867.92		¥1132.08
价税合计（大写）	⊗贰万元整				（小写）¥20000.00		

销售方	名　　称：北京景洲会展有限公司 纳税人识别号：911101027915785401 地 址、电 话：北京市海淀区上地东里11号 010-8285896 开户行及账号：中国工商银行北京上地支行 020000280920003549	备注	北京景洲会展有限公司 911101027915785401 发票专用章

收款人：　　复核：　　开票人：秦凡　　销售方：（章）

税总函〔20××〕341号北京印钞有限公司

第二联：发票联 购买方记账凭证

图 2－139　增值税普通发票

ICBC 中国工商银行　　凭证

业务回单（付款）

日期：20××年12月20日　　回单编号：17072000010

付款人户名：北京浩天科技开发有限公司　　付款人开户行：中国工商银行北京东升路支行
付款人账号（卡号）：020000620901335698
收款人户名：北京景洲会展有限公司　　收款人开户行：中国工商银行北京上地支行
收款人账号（卡号）：020000280920003549
金额：贰万元整　　小写：20000.00元
业务（产品）种类：转账　　凭证种类：000000000　　凭证号码：0000000000000000
摘要：支付展销费　　用途：　　币种：人民币
交易机构：0030200112　　记账柜员：00010　　交易代码：87091　　渠道：中间业务后台方式

中国工商银行股份有限公司北京东升路支行 自主回单机专用章（003）

本回单为第2次打印，注意重复　　打印日期：20××年12月20日　　打印柜员：9　　验证码：E07E72FCA006

图 2－140　银行回单

【业务解析】根据相关单据，编制记账凭证：

借：管理费用——展销费　　20 000

　贷：银行存款——中国工商银行北京东升路支行　　20 000

【业务 68】20××年 12 月 15 日，公司签发现金支票，提取备用金 65 315.3 元。

【业务票据】如图 2－141 所示。

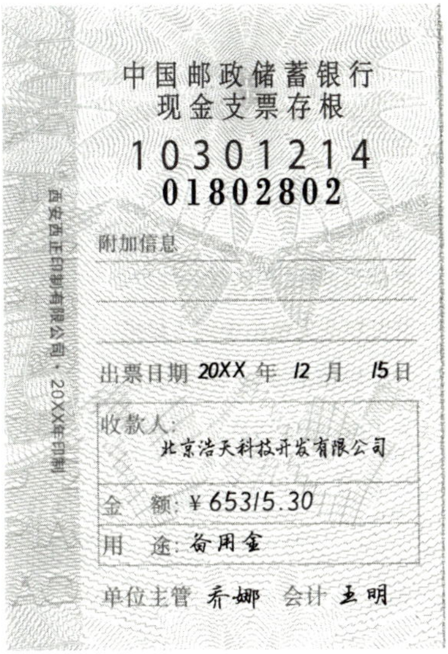

中国邮政储蓄银行
现金支票存根

10301214
01802802

附加信息

出票日期 20XX 年 12 月 15 日

收款人：北京浩天科技开发有限公司

金　额：¥65315.30

用　途：备用金

单位主管 乔娜　会计 王明

西安西正印制有限公司·20XX年印制

图 2-141　现金支票存根

【业务解析】根据相关单据，编制记账凭证：

借：库存现金　　65 315.3

　贷：银行存款——中国邮政储蓄银行　　65 315.3

【业务 69】20××年 12 月 20 日，办公室购买办公用品支付 500 元。

【业务票据】如图 2-142、图 2-143、图 2-144 所示。

【业务解析】根据相关单据，编制记账凭证：

借：管理费用——办公费　　500

　贷：银行存款——中国工商银行北京东升路支行　　500

付款申请单

付款单编号：fk20××1202013　　　　申请日期：20×× 年 12 月 20日

款项用途	购买办公用品，支付北京奥思办公用品有限公司货款		
付款依据（合同名称/合同号）	HT-20××-0008	开票情况	☑已开票　☐未开票　☐其他
付款金额	人民币（大写）伍佰元整		人民币（小写）¥500.00
支付方式	☐支票　☐现金　☑银行转账　☐其他		
收款单位	北京奥思办公用品有限公司	收款单位开户行	中国工商银行北京青云店支行
收款账号	022150001040697524	联系电话	010-80281144

经手人：张玲　　财务经理：乔娜　　总经理：张晨　　领款人：张玲

图 2-142　付款申请单

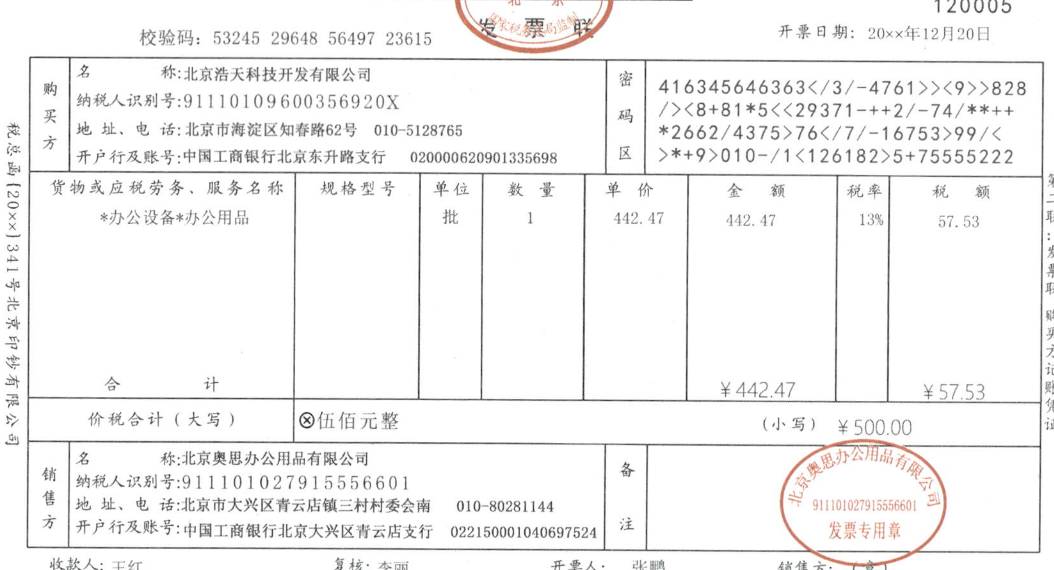

1100533120　　北京增值税普通发票　　№ 120005　　1100533120 120005

发票联

校验码：53245 29648 56497 23615　　开票日期：20××年12月20日

购买方	名称：北京浩天科技开发有限公司 纳税人识别号：91110109600356920X 地址、电话：北京市海淀区知春路62号 010-5128765 开户行及账号：中国工商银行北京东升路支行 020000620901335698	密码区	416345646363</3/-4761>><9>>828 /><8+81*5<<29371-++2/-74/**++ *2662/4375>76</7/-16753>99/< >*+9>010-/1<126182>5+75555222

货物或应税劳务、服务名称	规格型号	单位	数量	单价	金额	税率	税额
*办公设备*办公用品		批	1	442.47	442.47	13%	57.53
合计					¥442.47		¥57.53
价税合计（大写）	⊗伍佰元整				（小写）¥500.00		

销售方	名称：北京奥思办公用品有限公司 纳税人识别号：911101027915556601 地址、电话：北京市大兴区青云店镇三村村委会南 010-80281144 开户行及账号：中国工商银行北京大兴区青云店支行 022150001040697524	备注	北京奥思办公用品有限公司 911101027915556601 发票专用章

收款人：王红　　复核：李丽　　开票人：张鹏　　销售方：（章）

税总函〔20××〕341号北京印钞有限公司

第二联：发票联 购买方记账凭证

图 2-143 增值税普通发票

ICBC 中国工商银行　　凭证

业务回单（付款）

日期：20××年12月20日　　回单编号：01804208

付款人户名：北京浩天科技开发有限公司　　付款人开户行：中国工商银行北京东升路支行

付款人账号（卡号）：020000620901335698

收款人户名：北京奥思办公用品有限公司　　收款人开户行：中国工商银行北京青云店支行

收款人账号（卡号）：022150001040697524

金额：伍佰元整　　小写：500.00元

业务（产品）种类：转账　　凭证种类：000000000　　凭证号码：10307968

摘要：购买办公用品　　用途：　　币种：人民币

交易机构：0030200112　　记账柜员：00010　　交易代码：87091　　渠道：中间业务后台方式

本回单为第2次打印，注意重复　　打印日期：20××年12月20日　　打印柜员：9　　验证码：E07E72FCA006

图 2-144 银行回单

【业务 70】20××年 12 月 17 日，公司车间一台机器因生产技术落后需要淘汰，原值 80 000 元，已提折旧 17 个月，折旧额共计 11 333.33 元，净残值率为零，预计使用 10 年。经批准拟转出变卖。

【业务票据】如表 2-17、图 2-145 所示。

表 2-17　固定资产折旧费分配表

编制单位：北京浩天科技开发有限公司　　20××年 12 月 17 日　　单位：元

序号	品名	数量	入账时间	折旧年限	原值	净残值率	月折旧额	已提折旧	已提减值准备	净值	折旧方法	折旧到期月	使用部门
	机器设备	1 台	20××.06.30	10	80 000.00	0	666.67	11 333.33		68 666.67	平均年限法	20××.06	车间
合计					80 000.00		666.67	11 333.33		68 666.67			

制单人：乔娜

固定资产报废单

20××年 12 月 17 日

固定资产名称	机器设备	设备编号	3
规格型号		数量	1
原值	80 000.00	已提折旧	12 000.00
使用部门	生产车间	使用时间	18 个月
报废原因： 技术落后 部门负责人签字：李勇			
鉴定意见： 同意报废 鉴定人员签字：赵强			
公司审批意见： 同意处理 总经理签字：张晨			
备注：			

经办人：吴韧

图 2-145　固定资产报废单

【业务解析】根据相关单据，编制记账凭证：

计提折旧时：

借：制造费用——固定资产折旧　666.67

　贷：累计折旧　666.67

报废时：

借：固定资产清理　68 000

　　累计折旧　12 000

　贷：固定资产——机器设备　80 000

【业务 71】20××年 12 月 18 日，公司通过银行转账支付固定资产清理过程中的拆卸费、搬运费 1 000 元。

【业务票据】如图 2-146、图 2-147、图 2-148 所示。

付款申请单

付款单编号：fk20××1202013　　　　申请日期：20×× 年 12 月 18 日

款项用途	支付清理费，支付北京盛安通顺物流有限公司费用		
付款依据（合同名称/合同号）	HT-20××-0013	开票情况	☑已开票　☐未开票　☐其他
付款金额	人民币（大写）壹仟元整	人民币（小写）	¥1000.00
支付方式	☐支票　☐现金　☑银行转账　☐其他		
收款单位	北京盛安通顺物流有限公司	收款单位开户行	中国工商银行北京半壁店支行
收款账号	020035538610004212	联系电话	010-6885365

经手人：张玲　　财务经理：乔娜　　总经理：张晨　　领款人：赵平

图 2-146　付款申请单

111001371058　　北京增值税普通发票　　№ 01132978　111001371058　01132978

发票联

校验码：53245 29648 56497 23615　　开票日期：20××年12月18日

购买方	名　　称：北京浩天科技开发有限公司 纳税人识别号：91110109600356920X 地 址、电 话：北京市海淀区知春路62号　010-5128765 开户行及账号：中国工商银行北京东升路支行　020000620901335698	密码区	416345646363</3/-4761>><9>>828 /><8+81*5<<29371-++2/-74/**++ *2662/4375>76</7/-16753>99/< >*+9>010-/1<126182>5+75555222

货物或应税劳务、服务名称	规格型号	单位	数量	单价	金额	税率	税额
*劳务派遣*拆卸费			1	917.43	917.43	9%	82.57
合　　计					¥917.43		¥82.57
价税合计（大写）	⊗ 壹仟元整				（小写）¥1000.00		

销售方	名　　称：北京盛安通顺物流有限公司 纳税人识别号：911102227693633371 地 址、电 话：北京市永定路26号增1号　010-6885365 开户行及账号：中国工商银行北京半壁店支行　020035538610004212	备注	北京盛安通顺物流有限公司 911102227693633371 发票专用章

收款人：孙宇　　复核：孙瀚宇　　开票人：李英成　　销售方：（章）

税总函[20××]341号北京印钞有限公司

第二联：发票联　购买方记账凭证

图 2-147　增值税普通发票

ICBC 中国工商银行　　凭证

业务回单（付款）

日期：20××年12月18日　　回单编号：1712110005

付款人户名：北京浩天科技开发有限公司　　付款人开户行：中国工商银行北京东升路支行

付款人账号（卡号）：020000620901335698

收款人户名：北京盛安通顺物流有限公司　　收款人开户行：中国工商银行北京半壁店支行

收款人账号（卡号）：020035538610004212

金额：壹仟元整　　小写：1000.00元

业务（产品）种类：转账　　凭证种类：000000000　　凭证号码：0000000000000000

摘要：支付拆卸费　　用途：　　币种：人民币

交易机构：0030200112　　记账柜员：00010　　交易代码：87091　　渠道：中间业务后台方式

本回单为第2次打印，注意重复　　打印日期：20××年12月18日　　打印柜员：9　　验证码：E07E72FCA006

图 2-148　银行回单

【业务解析】根据相关单据，编制记账凭证：

借：固定资产清理　　1 000

　贷：银行存款——中国工商银行北京东升路支行　　1 000

【业务 72】20××年 12 月 19 日，公司将机器设备销售并收到变卖款 9 605 元。

【业务票据】如图 2－149、图 2－150 所示。

北京增值税专用发票

1100142650　　No 00601606　　1100142650　00601606

此联不作报销、扣税凭证使用　　开票日期：20××年12月19日

购买方	名　称：北京易科路设备有限公司 纳税人识别号：911101027915556601 地址、电话：北京市西城区广义街68号　010-8283365 开户行及账号：中国工商银行北京西四支行　020000280920002489	密码区	059634766</3/-4761><9>>828**528 /><8+81*5<<29371-++2/-74/**6653 *2662/4375>76</7/-16753>99<001+ >*+9>010-/1<126182>5+984403/.>>

货物或应税劳务、服务名称	规格型号	单位	数量	单价	金额	税率	税额
*机械机器*机器设备		台	1	8500.00	8500.00	13%	1105.00
合　计					¥8500.00		¥1105.00
价税合计（大写）	⊗玖仟陆佰零伍元整				（小写）¥9605.00		

销售方	名　称：北京浩天科技开发有限公司 纳税人识别号：91110109600356920X 地址、电话：北京市海淀区知春路62号　010-5128765 开户行及账号：中国工商银行北京东升路支行　020000620901335698	备注	

收款人：王明　　复核：乔娜　　开票人：王明　　销售方：（章）

税总函〔20××〕341号北京印钞有限公司

第一联：记账联　销售方记账凭证

图 2－149　增值税专用发票

ICBC 中国工商银行　　凭证

业务回单（收款）

日期：20××年12月19日　　回单编号：17076000001

付款人户名：北京易科路设备有限公司　　付款人开户行：中国工商银行北京西四支行

付款人账号（卡号）：020000280920002489

收款人户名：北京浩天科技开发有限公司　　收款人开户行：中国工商银行北京东升路支行

收款人账号（卡号）：020000620901335698

金额：玖仟陆佰零伍元整　　小写：9605.00元

业务（产品）种类：　　凭证种类：000000000　　凭证号码：000000000000000000

摘要：销售机器设备　　用途：　　币种：人民币

交易机构：0030200150　　记账柜员：00023　　交易代码：52093　　渠道：其他

附言：

支付交易序号：24387675　　报文种类：大额客户发起汇兑业务　　委托日期：20××-12-19

业务类型（种类）：普通汇兑

中国工商银行股份有限公司北京东升路支行　自主回单机专用章

本回单为第1次打印，注意重复　　打印日期：20××年12月19日　　打印柜员：9　　验证码：124DC42B2006

图 2－150　银行回单

【业务解析】根据相关单据，编制记账凭证：

借：银行存款——中国工商银行北京东升路支行　　9 605

　贷：固定资产清理　　8 500

　　　应交税费——应交增值税——销项税额　　1 105

【业务 73】20××年 12 月 31 日，经批准结转固定资产清理净损益。

【业务票据】如表 2-18 所示。

表 2-18　固定资产清理净损失计算表

20××年 12 月 19 日　　单位：元

设备名称	规格型号	设备原值	已提折旧	设备净值	清理费用	转让收入	转让净损失
机器设备		80 000.00	12 000.00	68 000.00	1 000	8 500.00	60 500.00

会计主管：乔娜　　记账：王明　　审核：乔娜　　制表：王明

【业务解析】根据相关单据，编制记账凭证：

借：营业外支出——非流动资产处置净损失　　60 500

　贷：固定资产清理　　60 500

【业务 74】20××年 12 月 20 日，办公室吴韧核销差旅费 6 500 元，出纳用现金支付差额部分。

【业务票据】如图 2-151、图 2-152、图 2-153、图 2-154、图 2-155、图 2-156 所示。

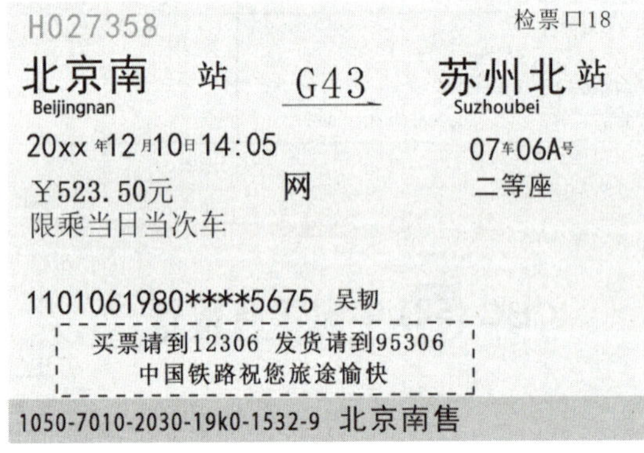
H027358　检票口18
北京南 站 Beijingnan　G43　苏州北 站 Suzhoubei
20xx年12月10日14:05　07车06A号
¥523.50元　网　二等座
限乘当日当次车
1101061980****5675 吴韧
买票请到12306 发货请到95306
中国铁路祝您旅途愉快
1050-7010-2030-19k0-1532-9 北京南售

图 2-151　动车票（去程）

H027358　检票口15
苏州北 站 Suzhoubei　G146　北京南 站 Beijingnan
20xx年12月19日15:30　05车08C号
¥523.50元　网　二等座
限乘当日当次车
1101061980****5675 吴韧
买票请到12306 发货请到95306
中国铁路祝您旅途愉快
1064-1560-4602-40k0-1532-9 苏州售

图 2-152　动车票（返程）

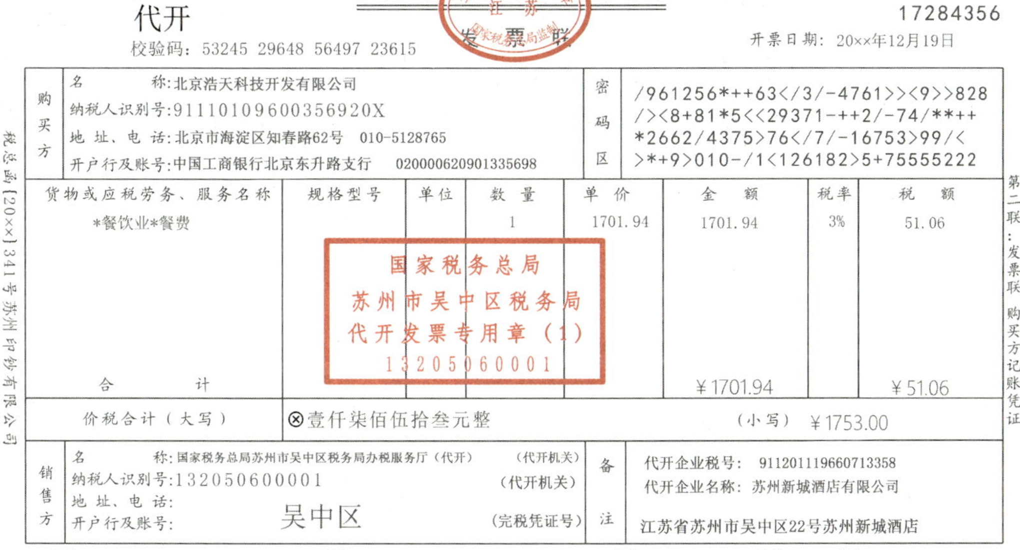

3200134129
代开
校验码：53245 29648 56497 23615

江苏省增值税普通发票
（全国统一发票监制章 江苏 国家税务总局监制）
发票联

No 17284356　3200134129
17284356
开票日期：20××年12月19日

购买方
名　　称：北京浩天科技开发有限公司
纳税人识别号：91110109600356920X
地 址、电 话：北京市海淀区知春路62号　010-5128765
开户行及账号：中国工商银行北京东升路支行　0200006209013356980

密码区
/961256*++63</3/-4761>><9>>828
/><8+81*5<<29371-++2/-74/**++
*2662/4375>76</7/-16753>99/<
>*+9>010-/1<126182>5+75555222

货物或应税劳务、服务名称	规格型号	单位	数量	单价	金额	税率	税额
*餐饮业*餐费			1	1701.94	1701.94	3%	51.06
合　　计					¥1701.94		¥51.06
价税合计（大写）	⊗壹仟柒佰伍拾叁元整				（小写）¥1753.00		

国家税务总局
苏州市吴中区税务局
代开发票专用章（1）
13205060001

销售方
名　　称：国家税务总局苏州市吴中区税务局办税服务厅（代开）　（代开机关）
纳税人识别号：13205060000l　（代开机关）
地 址、电 话：
开户行及账号：　吴中区　（完税凭证号）

备注
代开企业税号：911201119660713358
代开企业名称：苏州新城酒店有限公司
江苏省苏州市吴中区22号苏州新城酒店

收款人：　复核：　开票人：董静　销售方：（章）

税总函〔20××〕341号苏州印钞有限公司

第二联：发票联　购买方记账凭证

图 2-153　增值税普通发票（餐费）

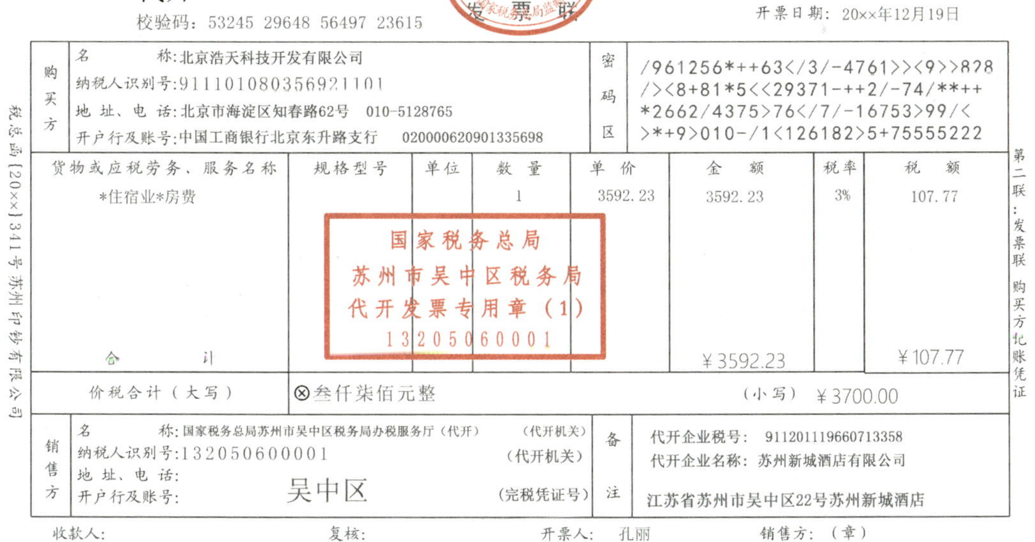

3200134129
代开
校验码：53245 29648 56497 23615

江苏省增值税普通发票
（全国统一发票监制章 江苏 国家税务总局监制）
发票联

No 17284365　3200134129
17284365
开票日期：20××年12月19日

购买方
名　　称：北京浩天科技开发有限公司
纳税人识别号：91110108035692110l
地 址、电 话：北京市海淀区知春路62号　010-5128765
开户行及账号：中国工商银行北京东升路支行　0200006209013356980

密码区
/961256*++63</3/-4761>><9>>828
/><8+81*5<<29371-++2/-74/**++
*2662/4375>76</7/-16753>99/<
>*+9>010-/1<126182>5+75555222

货物或应税劳务、服务名称	规格型号	单位	数量	单价	金额	税率	税额
*住宿业*房费			1	3592.23	3592.23	3%	107.77
合　　计					¥3592.23		¥107.77
价税合计（大写）	⊗叁仟柒佰元整				（小写）¥3700.00		

国家税务总局
苏州市吴中区税务局
代开发票专用章（1）
13205060001

销售方
名　　称：国家税务总局苏州市吴中区税务局办税服务厅（代开）　（代开机关）
纳税人识别号：13205060000l　（代开机关）
地 址、电 话：
开户行及账号：　吴中区　（完税凭证号）

备注
代开企业税号：911201119660713358
代开企业名称：苏州新城酒店有限公司
江苏省苏州市吴中区22号苏州新城酒店

收款人：　复核：　开票人：孔丽　销售方：（章）

税总函〔20××〕341号苏州印钞有限公司

第二联：发票联　购买方记账凭证

图 2-154　增值税普通发票（房费）

差旅费报销单

现金付讫

单位:北京浩天科技开发有限公司　　　　日期:20xx年12月20日

部门				办公室			报销人	吴韧		
起讫日期				天数	起讫地点		车船费	补助	住宿费	汽车	其他费用
月	日	月	日		起	止					
12	10	12	19	10天	北京	苏州	1047.00		3700.00		1753.00
费用小计							1047.00		3700.00		1753.00
报销合计（大写）陆仟伍佰元整							报销合计（小写）¥6500.00				
总经理		张晨					财务经理	乔娜			

审核：乔娜　　　　会计：王明　　　　领款人：吴韧

图 2-155　差旅费报销单

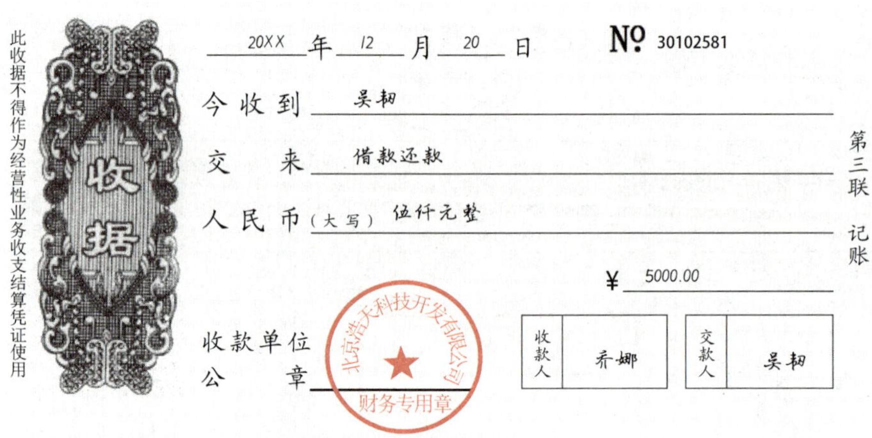
此收据不得作为经营性业务收支结算凭证使用

收据

20XX 年 12 月 20 日　　№ 30102581

今收到　吴韧

交来　借款还款

人民币（大写）　伍仟元整

¥ 5000.00

收款单位公章　北京浩天科技开发有限公司 财务专用章

收款人　乔娜　　交款人　吴韧

第三联　记账

图 2-156　收据

【业务解析】根据相关单据，编制记账凭证：

借：管理费用——差旅费　　6 413.55

　　应交税费——应交增值税——进项税额　　86.45

　贷：其他应收款——吴制　　5 000

　　　库存现金　　1 500

拆分 1：借：管理费用——差旅费　　6 413.55

　　　　　应交税费——应交增值税——进项税额　　86.45

　　　　贷：其他应收款——吴韧　　6 500

拆分 2：借：其他应收款——吴韧 1 500

贷：库存现金 1 500

【业务 75】20××年 12 月 24 日，办公室李勇报销洗车费及车辆保养费 1 200 元。

【业务票据】如图 2-157、图 2-158、图 2-159 所示。

付款申请单

付款单编号：fk20××1210014　　　　申请日期：20×× 年 12 月 24日

款项用途	支付北京友客洗车有限公司洗车费和车辆保养费		
付款依据（合同名称/合同号）	HT-20××-0014	开票情况	☑已开票　☐未开票　☐其他
付款金额	人民币（大写）壹仟贰佰元整		人民币（小写）￥1200.00
支付方式	☐支票　☐现金　☑银行转账　☐其他		
收款单位	北京友客洗车有限公司	收款单位开户行	中国工商银行北京上地支行
收款账号	020034651510006541	联系电话	010-6284010

经手人：张玲　　财务经理：乔娜　　总经理：张晨　　领款人：张玲

图 2-157　付款申请单

111001371058　　北京增值税普通发票　　No 04782402　　111001371058 04782402

发票联

校验码：53245 29648 56497 23615　　开票日期：20××年12月24日

购买方	名　　称：北京浩天科技开发有限公司 纳税人识别号：91110109600356920X 地 址、电 话：北京市海淀区知春路62号　010-5128765 开户行及账号：中国工商银行北京东升路支行　020000620901335698			密码区	416345646363</3/-4761>><9>>828 /><8+81*5<<29371-++2/-74/**++ *2662/4375>76</7/-16753>99/< >*+9>010-/1<126182>5+75555222		
货物或应税劳务、服务名称	规格型号	单位	数量	单价	金额	税率	税额
*提供劳务*洗车保养费			1	1165.05	1165.05	3%	34.95
合　　计					￥1165.05		￥34.95
价税合计（大写）	⊗壹仟贰佰元整				（小写）￥1200.00		
销售方	名　　称：北京友客洗车有限公司 纳税人识别号：911201038030618431 地 址、电 话：北京市海淀区上地33号　010-2219530 开户行及账号：中国工商银行北京上地支行　020034651510006541			备注	北京友客洗车有限公司 911201038030618431 发票专用章		

收款人：王红　　复核：孙凯文　　开票人：任芳　　销售方：（章）

税总函〔20××〕341号北京印钞有限公司

第二联：发票联　购买方记账凭证

图 2-158　增值税普通发票

ICBC 中国工商银行 凭证

业务回单（付款）

日期：20××年12月24日 回单编号：17072000010

付款人户名：北京浩天科技开发有限公司 付款人开户行：中国工商银行北京东升路支行
付款人账号（卡号）：020000620901335698 收款人开户行：中国工商银行北京上地支行
收款人户名：北京友客洗车有限公司
收款人账号（卡号）：0200346515100006541
金额：壹仟贰佰元整 小写：1200.00元
业务（产品）种类：转账 凭证种类：000000000 凭证号码：0000000000000000
摘要：洗车保养费 用途： 币种：人民币
交易机构：0030200113 记账柜员：00010 交易代码：87099 渠道：中间业务后台方式

中国工商银行股份有限公司北京东升路支行 自主回单机专用章 （003）

打印日期：20××年12月24日 打印柜员：谢芬 验证码：

图 2-159 银行回单

【业务解析】根据相关单据，编制记账凭证：

借：管理费用——汽车费 1 200

贷：银行存款——中国工商银行北京东升路支行 1 200

【业务 76】20××年 12 月 24 日，公司支付电话费 1 500 元。

【业务票据】如图 2-160、图 2-161、图 2-162 所示。

付款申请单

付款单编号：fk20××1210020 申请日期： 20×× 年 12 月 24日

款项用途	缴纳通信服务费，支付中国联合网络有限公司北京市分公司款项		
付款依据（合同名称/合同号）	HT-20××-0020	开票情况	☑已开票 □未开票 □其他
付款金额	人民币（大写）壹仟伍佰元整		人民币（小写） ¥1500.00
支付方式	□支票 □现金 ☑银行转账 □其他		
收款单位	中国联合网络有限公司北京市分公司	收款单位开户行	中国工商银行北京五道口支行
收款账号	020035412575214561	联系电话	010-5876843

经手人：张玲 财务经理：乔娜 总经理：张晨 领款人：张玲

图 2-160 付款申请单

111001371058　　北京增值税普通发票　　№ 19207105　111001371058 19207105

校验码：53245 29648 56497 23615　　　　开票日期：20××年12月24日

购买方	名　　称：北京浩天科技开发有限公司 纳税人识别号：91110109600356920X 地 址、电 话：北京市海淀区知春路62号　010-5128765 开户行及账号：中国工商银行北京东升路支行　020000620901335698	密码区	41634564636 3</3/-4761>><9>>828 /><8+81*5<<29371-++2/-74/**++ *2662/4375>76</7/-16753>99/< >*+9>010-/1<126182>5+75555222

货物或应税劳务、服务名称	规格型号	单位	数 量	单 价	金 额	税率	税 额
*通信服务*电话费			1	1456.31	1456.31	3%	43.69
合　　计					¥1456.31		¥43.69
价税合计（大写）	⊗ 壹仟伍佰元整				（小写）¥1500.00		

销售方	名　　称：中国联合网络有限公司北京市分公司 纳税人识别号：911201038030618441 地 址、电 话：北京市海淀区五道口华联商厦5010　010-5876843 开户行及账号：中国工商银行北京五道口支行　020035412575214561	备注	中国联合网络有限公司北京市分公司 911201038030618441 发票专用章

收款人：王红　　复核：孙凯文　　开票人：任芳　　销售方：（章）

税总函[20××]341号北京印钞有限公司

第二联：发票联　购买方记账凭证

图 2-161　增值税普通发票

ICBC 中国工商银行　　凭证

业务回单（付款）

日期：20××年12月24日　　回单编号：17072000019

付款人户名：北京浩天科技开发有限公司　　付款人开户行：中国工商银行北京东升路支行

付款人账号（卡号）：020000620901335698　　收款人开户行：中国工商银行北京五道口支行

收款人户名：中国联合网络有限公司北京市分公司

收款人账号（卡号）：020035412575214561

金额：壹仟伍佰元整　　小写：1500.00元

业务（产品）种类：转账　　凭证种类：000000000　　凭证号码：0000000000000000

摘要：电话费　　用途：　　币种：人民币

交易机构：0030200113　　记账柜员：00010　　交易代码：87099　　渠道：中间业务后台方式

打印日期：20××年12月24日　　打印柜员：谢芬　　验证码：

图 2-162　银行回单

【业务解析】根据相关单据，编制记账凭证：

借：管理费用——电话费　　1 500

　贷：银行存款——中国工商银行北京东升路支行　　1 500

【业务 77】20××年 12 月 22 日，公司支付申请银行承兑汇票手续费。

【业务票据】如图 2-163、图 2-164 所示。

ICBC 中国工商银行 凭证

业务回单（付款）

日期：20××年12月22日　　回单编号：17072000010

付款人户名：北京浩天科技开发有限公司　　付款人开户行：中国工商银行北京东升路支行
付款人账号（卡号）：020000620901335698　　收款人开户行：中国工商银行北京东升路支行
收款人户名：中国工商银行股份有限公司北京东升路支行
收款人账号（卡号）：203120192001012965
金额：壹拾元伍角整　　小写：10.50元
业务（产品）种类：转账　　凭证种类：000000000　　凭证号码：0000000000000000
摘要：手续费　　用途：　　币种：人民币
交易机构：0030200113　　记账柜员：00010　　交易代码：87099　　渠道：中间业务后台方式

中国工商银行股份有限公司北京东升路支行 自主回单机专用章（003）

打印日期：20××年12月22日　　打印柜员：谢芬　　验证码：

图 2-163　银行回单

111001371058　　北京增值税普通发票　　№ 19207115　　111001371058 19207115

发票联

校验码：53245 29648 56497 23615　　开票日期：20××年12月22日

购买方	名称：北京浩天科技开发有限公司 纳税人识别号：91110109600356920X 地址、电话：北京市海淀区知春路62号 010-5128765 开户行及账号：中国工商银行北京东升路支行 020000620901335698	密码区	416345646363</3/-4761>><9>>828 /><8+81*5<<29371-++2/-74/**++ *2662/4375>76</7/-16753>99/< >*+9>010-/1<126182>5+75555222

货物或应税劳务、服务名称	规格型号	单位	数量	单价	金额	税率	税额
*金融服务*手续费			1	9.90	9.90	6%	0.60
合计					¥9.90		¥0.60
价税合计（大写）	⊗ 壹拾元伍角整				（小写）¥10.50		

销售方	名称：中国工商银行股份有限公司北京东升路支行 纳税人识别号：91120103803061843N 地址、电话：北京市海淀区东升路115号 010-23011733 开户行及账号：中国工商银行北京东升路支行 203120192001012965	备注	中国工商银行股份有限公司北京东升路支行 91120103803061843N 发票专用章

收款人：王红　　复核：孙凯文　　开票人：张鹏　　销售方：（章）

税总函〔20××〕341号北京印钞有限公司

第二联：发票联 购买方记账凭证

图 2-164　增值税普通发票

【业务解析】根据相关单据，编制记账凭证：

借：财务费用——手续费　　10.5

　贷：银行存款——中国工商银行北京东升路支行　　10.5

【业务 78】20××年 12 月 31 日，归集、分配制造费用。

【业务票据】如表 2-19、表 2-20 所示。

表 2-19　制造费用明细表

20××年 12 月　　　　单位：元

项目	本月发生额
折旧费	4 749.67
职工工资	10 400.00
社会保险	2 828.80
住房公积金	1 144.00
电费	16 500.00
水费	3 432.00
合计	39 054.47

制单人：乔娜

表 2-20　制造费用分配表

编制单位：北京浩天科技开发有限公司　　20××年 12 月　　单位：元

分配产品	分配标准（实际工时）（小时）	分配率	分配金额
电控装置	1 600	0.727 27	28 403.25
换带装置	600	0.272 73	10 651.22
合计	2 200		39 054.47

制单人：乔娜

【业务解析】根据相关单据，编制记账凭证：

借：生产成本——基本生产成本——制造费用（电控装置）　28 403.25
　　　　　　——基本生产成本——制造费用（换带装置）　10 651.22
　贷：制造费用——固定资产折旧　4 749.67
　　　　　　——职工薪酬　10 400
　　　　　　——社会保险　2 828.8
　　　　　　——住房公积金　1 144
　　　　　　——电费　16 500
　　　　　　——水费　3 432

【业务 79】20××年 12 月 31 日，计提本月印花税。

【业务票据】如表 2-21 所示。

表 2-21　印花税计提表

编制单位：北京浩天科技开发有限公司　20××年 12 月 31 日　　单位：元

合同类型	收入凭证项目	收入额①	核定比例②	核定额③=①×②	支出凭证项目	支出额④	核定比例⑤	核定额⑥=④×⑤	应税核定额合计⑦=③+⑥	税率⑧	应纳税额⑨=⑦×⑧	扣除额⑩	实纳税额⑪=⑨-⑩
购销合同	商品（产品）销售收入	3 112 500.00	120%	3 735 000.00	购入商品、材料等支出				3 735 000.00	0.03%	1 120.50		1 120.50

制单人：乔娜

【业务解析】根据相关单据，编制记账凭证：

借：税金及附加——印花税　1 120.5
　贷：应交税费——应交印花税　1 120.5

【业务 80】20××年 12 月 31 日，计提本月增值税 287 040.55 元。

【业务票据】如表 2－22、表 2－23 所示。

表 2－22 本月增值税计算表

20××年 12 月　　单位：元

增值税项目	不含税销售额	税金
主营业务收入（专用）	3 112 500.00	405 730.00
主营业务收入（普通）	0.00	0.00
无票收入	0.00	0.00
其他	0.00	－265.20
合计	3 112 500.00	405 995.20
销项税	0.00	0.00
进项税（下期抵扣）	0.00	118 954.65
上期留抵	0.00	0.00
应纳增值税	0.00	287 040.55

制单人：乔娜

表 2－23 月末增值税结转表

20××年 12 月 31 日　　单位：元

结转理由	应转出		应转入	
	会计科目	金额	会计科目	金额
月末结转未交增值税	应交税费——应交增值税——转出未交增值税	287 040.55	应交税费——未交增值税	287 040.55

会计主管：乔娜　　审核：王明　　制单：乔娜

【业务解析】根据相关单据，编制记账凭证：

借：应交税费——应交增值税——转出未交增值税　　287 040.55

　贷：应交税费——未交增值税　　287 040.55

【业务 81】20××年 12 月 31 日，计提本月附加税。

【业务票据】如表 2－24 所示。

表 2－24 税金及附加计提表

20××年 12 月 31 日　　单位：元

计税依据		增值税
城市维护建设税	计税金额	287 040.55
	税率	7%
	应纳税额	20 092.84
教育费附加	计征金额	287 040.55
	征收率	3%
	应纳金额	8 611.22
地方教育费附加	计征金额	287 040.55
	征收率	2%
	应纳金额	5 740.81
合计		34 444.87

制单人：乔娜

【业务解析】根据相关单据，编制记账凭证：

借：税金及附加——城市维护建设税　20 092.84

——教育费附加　8 611.22

——地方教育费附加　5 740.81

贷：应交税费——应交城市维护建设税　20 092.84

——应交教育费附加　8 611.22

——应交地方教育费附加　5 740.81

【业务 82】20××年 12 月 31 日，发放上月职工工资。其中以现金支付 65 315.3 元，代扣代缴社会保险 8 350.65 元，代扣代缴住房公积金 5 687 元，代扣代缴个人所得税 177.05 元。(期初数："应付职工薪酬"科目贷方余额 79 530 元)

【业务票据】工资表参见表 2－10。

【业务解析】根据相关单据，编制记账凭证：

借：应付职工薪酬——职工工资　79 530

贷：库存现金　65 315.3

其他应付款——社会保险（个人负担）　8 350.65

——住房公积金（个人负担）　5 687

应交税费——应交个人所得税　177.05

拆分 1：借：应付职工薪酬——职工工资　65 315.3

贷：库存现金　65 315.3

拆分 2：借：应付职工薪酬——职工工资　14 214.7

贷：其他应付款——社会保险（个人负担）　8 350.65

——住房公积金（个人负担）　5 687

应交税费——应交个人所得税　177.05

【业务 83】20××年 12 月 28 日，采购部赵平借款 5 000 元出差。

【业务票据】如图 2－165 所示。

借款单　现金付讫

单位：北京浩天科技开发有限公司　　日期：20XX年 12 月 28日

部门	采购部	经手人	赵平
用款方式	☑ 现金　☐ 支票　☐ 电汇　☐ 其他		
用途	出差预借差旅费		
借款金额（大写） 伍仟元整		借款金额（小写）：¥ 5000.00	
总经理	张晨	财务经理	乔娜

核算：乔娜　　会计：王明　　领款人：赵平

图 2－165　借款单

【业务解析】根据相关单据，编制记账凭证：

借：其他应收款——赵平 5 000

贷：库存现金 5 000

【业务 84】20××年 12 月 31 日，计提第四季度企业所得税。

【业务票据】如表 2-25 所示。

表 2-25 企业所得税计算表

20××年 12 月 31 日 单位：元

项目	行次	本年累计	本月金额
一、营业收入	1	13 555 154.71	3 112 500.00
减：营业成本	2	9 865 141.70	1 027 944.00
税金及附加	3	1 501 346.56	35 565.37
销售费用	4	148 610.01	10 613.85
管理费用	5	981 565.87	124 301.05
财务费用	6	2 526.36	1 468.90
资产减值损失	7		
加：投资收益	8		
营业外收入	9	17 540.00	17 345.00
减：营业外支出	10	170 550.00	170 550.00
二、利润总额	11	902 954.21	1 759 401.83
加：纳税调整增加额	12		
减：纳税调整减少额	13		
弥补以前年度亏损	14		
三、应纳税所得额	15	902 954.21	1 759 401.83
所得税税率	16	25%	25%
四、应纳所得税	17	225 738.55	45 147.71

会计主管：乔娜 审核：王明 制表：乔娜

【业务解析】根据相关单据，编制记账凭证：

借：所得税费用 45 147.71

贷：应交税费——应交企业所得税 45 147.71

【业务 85】20××年 12 月 31 日，结转本期损益。

【业务票据】如表 2-26 所示。

表 2-26 本期损益结转表

20××年 12 月 31 日 单位：元

结转理由	应转出		应转入	
	会计科目	金额	会计科目	金额
将本期收入、损益结转到本年利润	主营业务收入——换带装置	952 500.00	(4103) 本年利润	3 129 845.00
	主营业务收入——电控装置	2 160 000.00		
	营业外收入——捐赠收益	7 345.00		
	营业外收入——其他	10 000.00		

续表

结转理由	应转出		应转入	
	会计科目	金额	会计科目	金额
将本期成本、费用结转到本年利润	主营业务成本——换带装置	336 414.00	(4103) 本年利润	1 370 443.17
	主营业务成本——电控装置	691 530.00		
	税金及附加——城市维护建设税	20 092.84		
	税金及附加——印花税	1 120.50		
	税金及附加——教育费附加	8 611.22		
	税金及附加——地方教育费附加	5 740.81		
	销售费用——职工薪酬	6 300.00		
	销售费用——电费	1 800.00		
	销售费用——水费	107.25		
	销售费用——社会保险	1 713.60		
	销售费用——住房公积金	693.00		
	管理费用——职工薪酬	35 000.00		
	管理费用——固定资产折旧费	4 117.13		
	管理费用——办公费	1 480.00		
	管理费用——差旅费	10 204.55		
	管理费用——业务招待费	285.00		
	管理费用——盘亏	2 305.20		
	管理费用——非专利技术	4 416.67		
	管理费用——交通费	55.00		
	管理费用——广告费	12 000.00		
	管理费用——社会保险	9 520.00		
	管理费用——展销费	20 000.00		
	管理费用——汽车费	1 200.00		
	管理费用——电话费	1 500.00		
	管理费用——住房公积金	3 850.00		
	管理费用——电费	5 250.00		
	管理费用——水费	357.50		
	管理费用——福利费	12 760.00		
	财务费用——利息费用	1 000.00		
	财务费用——手续费	21.00		
	财务费用——贴现利息支出	1 000.00		
	财务费用——利息收入	−552.10		
	营业外支出——非流动资产处置净损失	70 100.00		
	营业外支出——罚款支出	450.00		
	营业外支出——捐赠支出	100 000.00		
本期“本年利润”科目贷方余额			(4103) 本年利润	1 759 401.83

会计主管：乔娜　　　　审核：王明　　　　制表：乔娜

【业务解析】根据相关单据，编制记账凭证：

借：主营业务收入——换带装置	952 500	
——电控装置	2 160 000	
营业外收入——捐赠收益	7 345	
——其他	10 000	
贷：本年利润		1 759 401.83
主营业务成本——电控装置		691 530
——换带装置		336 414
税金及附加——城市维护建设税		20 092.84
——印花税		1 120.5
——教育费附加		8 611.22
——地方教育费附加		5 740.81
销售费用——职工薪酬		6 300
——电费		1 800
——水费		107.25
——社会保险		1 713.6
——住房公积金		693
管理费用——职工薪酬		35 000
——固定资产折旧费		4 117.13
——办公费		1 480
——差旅费		10 204.55
——业务招待费		285
——盘亏		2 305.2
——非专利技术		4 416.67
——交通费		55
——广告费		12 000
——社会保险		9 520
——展销费		20 000
——汽车费		1 200
——电话费		1 500
——住房公积金		3 850
——电费		5 250
——水费		357.5
——福利费		12 760
财务费用——利息费用		1 000
——手续费		21
——贴现利息支出		1 000
——利息收入		−552.1

营业外支出——非流动资产处置净损失　70 100
——罚款支出　450
——捐赠支出　100 000
借：本年利润　45 147.71
贷：所得税费用　45 147.71

【业务 86】20××年 12 月 31 日，结转本年利润。（期初数：“本年利润”科目借方余额 856 447.62 元）

【业务票据】如表 2-27 所示。

表 2-27　本年利润结转表

20××年 12 月 31 日　　单位：元

结转理由	应转出		应转入	
	会计科目	金额	会计科目	金额
年末，结转本年利润	本年利润	857 806.50	利润分配——未分配利润	857 806.50

会计主管：乔娜　　审核：王明　　制单：乔娜

【业务解析】根据相关单据，编制记账凭证：

借：本年利润　857 806.5
贷：利润分配——未分配利润　857 806.5

【业务 87】20××年 12 月 31 日，年末结转增值税。

【业务票据】如表 2-28 所示。

表 2-28　年末增值税结转表

20××年 12 月 31 日　　单位：元

结转理由	应转出			应转入	
	会计科目		金额	会计科目	金额
年末结转增值税销项税额、增值税进项税额转出	贷方转出	应交税费——应交增值税——销项税额	2 180 981.30		
		应交税费——应交增值税——进项税额转出	265.20		
年末结转增值税进项税额	借方转出	应交税费——应交增值税——进项税额	1 890 836.26		
“应交税费——转出未交增值税”科目贷方金额		应交税费——应交增值税——转出未交增值税	290 410.24		

会计主管：乔娜　　审核：王明　　制单：乔娜

【业务解析】根据相关单据，编制记账凭证：

借：应交税费——应交增值税——销项税额　2 180 981.3
——应交增值税——进项税额转出　265.2
贷：应交税费——应交增值税——进项税额　1 890 836.26
——应交增值税——转出未交增值税　290 410.24

【业务 88】20××年 12 月 31 日，提取盈余公积金。

【业务票据】如表 2-29 所示。

表 2-29　年末法定盈余公积计提表

20××年 12 月 31 日　　　　单位：元

结转理由	应转出		应转入	
	会计科目	金额	会计科目	金额
年末提取法定盈余公积	利润分配——提取法定盈余公积	85 780.65	盈余公积——法定盈余公积	85 780.65

会计主管：乔娜　　　　审核：王明　　　　制单：乔娜

【业务解析】根据相关单据，编制记账凭证：

借：利润分配——提取法定盈余公积　　85 780.65

　贷：盈余公积——法定盈余公积　　85 780.65

【业务 89】20××年 12 月 31 日，结转利润分配。

【业务票据】如表 2-30 所示。

表 2-30　年末结转利润分配表

20××年 12 月 31 日　　　　单位：元

结转理由	应转出		应转入	
	会计科目	金额	会计科目	金额
年末结转利润分配	利润分配——未分配利润	85 780.65	利润分配——提取法定盈余公积	85 780.65

会计主管：乔娜　　　　审核：王明　　　　制单：乔娜

【业务解析】根据相关单据，编制记账凭证：

借：利润分配——未分配利润　　85 780.65

　贷：利润分配——提取法定盈余公积　　85 780.65

实训三

会计账簿登记

实训目的

学习登记账簿的方法，熟悉会计账簿。

实训内容

根据期初余额以及本期发生的经济业务登记日记账、总账与明细账。

实训方法

线下与线上实操练习。

实训要求

了解会计总账与明细账的类型；掌握日记账、总账与明细账日常业务的登记方法和流程。

3.1 各项期初数据的登记

北京浩天科技开发有限公司20××年12月初的余额如表3-1所示，固定资产、原材料和库存商品相关信息如表3-2～表3-4所示。

表3-1 20××年12月初账户余额表

科目编号	科目名称	借方金额	贷方金额
1001	库存现金	1 050.60	
1002	银行存款	3 682 780.37	
1002001	银行存款——中国工商银行北京东升路支行	2 482 780.37	
1002002	银行存款——邮政储蓄银行	1 200 000.00	
1121	应收票据	150 000.00	
1121001	应收票据——北京仪表研究院	150 000.00	
1122	应收账款	75 000.00	
1122001	应收账款——北京博特科技有限公司	75 000.00	
1123	预付账款	50 000.00	
1123001	预付账款——北京明辉科技发展有限公司	50 000.00	
1221	其他应收款	4 000.00	
1221001	其他应收款——赵平	4 000.00	
1402	在途物资	81 000.00	
1402001	在途物资——模块	51 000.00	
1402002	在途物资——压力变送器	30 000.00	
1403	原材料	63 400.00	
1403005	原材料——触摸屏	20 980.00	
1403006	原材料——模块	30 570.00	
1403007	原材料——温度变送器	8 900.00	
1403008	原材料——压力变送器	2 950.00	
1405	库存商品	336 932.10	
1405001	库存商品——电控装置	129 010.50	
1405002	库存商品——换带装置	207 921.60	
1601	固定资产	1 046 095.69	
1601001	固定资产——江淮汽车	68 058.00	
1601002	固定资产——笔记本电脑	3 119.66	
1601004	固定资产——机器设备	320 000.00	
1601006	固定资产——自用厂房	519 667.36	
1601007	固定资产——东风汽车	133 584.00	

续表

科目编号	科目名称	借方金额	贷方金额
1601008	固定资产——打印机	1 666.67	
1602	累计折旧		156 755.53
1701	无形资产	12 000.00	
1701001	无形资产——非专利技术	12 000.00	
1702	累计摊销		2 400.00
2202	应付账款		138 750.00
2202001	应付账款——北京钢构制造有限公司		60 000.00
2202002	应付账款——北京明辉科技发展有限公司		78 750.00
2211	应付职工薪酬		106 849.16
2211001	应付职工薪酬——职工工资		79 530.00
2211003	应付职工薪酬——职工福利费		0.00
2211004	应付职工薪酬——社会保险费		21 632.16
2211005	应付职工薪酬——住房公积金		5 687.00
2221	应交税费		3 968.35
2221001	应交税费——应交增值税		
2221001001	应交税费——应交增值税——进项税额	1 771 881.61	
2221001002	应交税费——应交增值税——销项税额		1 775 251.30
2221001007	应交税费——应交增值税——转出未交增值税	3 369.69	
2221004	应交税费——应交城市维护建设税		235.88
2221011	应交税费——应交个人所得税		177.05
2221012	应交税费——应交教育费附加		101.09
2221014	应交税费　未交增值税		3 369.69
2221015	应交税费——应交地方教育费附加		67.39
2221017	应交税费——应交印花税		17.25
2241	其他应付款		24 037.65
2241001	其他应付款——定金		10 000.00
2241002	其他应付款——社会保险（个人负担）		8 350.65
2241003	其他应付款——住房公积金（个人负担）		5 687.00
3001	实收资本		5 000 000.00
3001001	实收资本——张浩		1 000 000.00
3001002	实收资本——李绅		1 000 000.00
3001003	实收资本——王天明		3 000 000.00
3103	本年利润	856 447.62	
3104	利润分配		933 054.69
3104010	利润分配——未分配利润		933 054.69
4001	生产成本	7 109.00	
4001001	生产成本——基本生产成本	7 109.00	
4001001003	生产成本——基本生产成本——直接材料（电控装置）	7 109.00	

制单人：乔娜

表 3-2 固定资产明细表

编制单位：北京浩天科技开发有限公司 20××年 12 月 1 日 单位：元

序号	品名	数量	入账时间	折旧年限	原值	净残值率	已提折旧	余值	折旧到期月	使用部门
1	自用厂房	1 间	20××.06.30	20 年	519 667.36	3.80%	35 411.00	484 256.36	20××.06	车间
2	机器设备	3 台	20××.06.30	10 年	320 000.00	0%	45 333.39	274 666.61	20××.06	车间
3	江淮汽车	1 辆	20××.09.30	4 年	68 058.00	5%	25 143.72	42 914.28	20××.09	人力资源部
4	东风汽车	1 辆	20××.09.30	4 年	133 584.00	5%	49 351.82	84 232.18	20××.09	人力资源部
5	打印机	1 台	20××.11.30	3 年	1 666.67	5%	527.76	1 138.91	20××.11	人力资源部
6	笔记本电脑	1 台	20××.12.01	3 年	3 119.66	5%	987.84	2 131.82	20××.12	人力资源部
合计					1 046 095.69		156 755.53	889 340.16		

制单人：乔娜

表 3-3 原材料结存表

单位：北京浩天科技开发有限公司 20××年 12 月 1 日

材料名称	单位	数量	单价	金额
模块	个	30	1 019.00	30 570.00
温度变送器	个	50	178.00	8 900.00
压力变送器	个	10	295.00	2 950.00
触摸屏	个	20	1 049.00	20 980.00
合计		110		63 400.00

制单人：乔娜

表 3-4 库存商品结存表

单位：北京浩天科技开发有限公司 20××年 12 月 1 日

商品名称	计量单位	数量	单价	金额
电控装置	套	50	2 580.21	129 010.50
换带装置	套	80	2 599.02	207 921.60
合计				336 932.10

制单人：乔娜

3.1.1 登记期初日记账

库存现金、银行存款日记账期初余额如表 3-5、表 3-6 所示。

表 3-5 库存现金日记账

会计科目：库存现金（1001） 报表期间：20××.12—20××.12

凭证日期	凭证号	摘要	借方金额	贷方金额	方向	余额
20××-12		期初余额			借	1 050.60

表 3－6　银行存款日记账

会计科目：银行存款（1002）　　报表期间：20××.12—20××.12

凭证日期	凭证号	摘要	借方金额	贷方金额	方向	余额
20××-12		期初余额			借	3 682 780.37

3.1.2　登记期初明细账

以“银行存款——中国工商银行北京东升路支行”明细账为例进行期初登记，如表 3－7 所示。其他明细账的期初登记以“T”形账代替。

表 3－7　“银行存款——中国工商银行北京东升路支行”期初明细账

会计科目：银行存款——中国工商银行北京东升路支行（1002001）　报表期间：20××.12—20××.12

凭证日期	凭证号	摘要	借方金额	贷方金额	方向	余额
20××-12		期初余额			借	2 482 780.37

银行存款——邮政储蓄银行

期初余额　1 200 000.00	
期末余额　1 200 000.00	

应收票据——北京仪表研究院

期初余额　150 000.00	
期末余额　150 000.00	

应收账款——北京博特科技有限公司

期初余额　75 000.00	
期末余额　75 000.00	

预付账款——北京明辉科技发展有限公司

期初余额　50 000.00	
期末余额　50 000.00	

其他应收款——赵平

期初余额　4 000.00	
期末余额　4 000.00	

在途物资——模块

期初余额　51 000.00	
期末余额　51 000.00	

在途物资——压力变送器

期初余额 30 000.00	
期末余额 30 000.00	

原材料——触摸屏

期初余额 20 980.00	
期末余额 20 980.00	

原材料——模块

期初余额 30 570.00	
期末余额 30 570.00	

原材料——温度变送器

期初余额 8 900.00	
期末余额 8 900.00	

原材料——压力变送器

期初余额 2 950.00	
期末余额 2 950.00	

库存商品——电控装置

期初余额 129 010.50	
期末余额 129 010.50	

库存商品——换带装置

期初余额 207 921.60	
期末余额 207 921.60	

固定资产——江淮汽车

期初余额 68 058.00	
期末余额 68 058.00	

固定资产——笔记本电脑

期初余额 3 119.66	
期末余额 3 119.66	

固定资产——机器设备

期初余额 320 000.00	
期末余额 320 000.00	

固定资产——自用厂房

期初余额 519 667.36	
期末余额 519 667.36	

固定资产——东风汽车

期初余额 133 584.00	
期末余额 133 584.00	

固定资产——打印机

期初余额 1 666.67	
期末余额 1 666.67	

累计折旧

	期初余额 156 755.53
	期末余额 156 755.53

累计摊销

	期初余额 2 400.00
	期末余额 2 400.00

无形资产——非专利技术

期初余额 12 000.00	
期末余额 12 000.00	

应付账款——北京钢构制造有限公司

	期初余额 60 000.00
	期末余额 60 000.00

应付账款——北京明辉科技发展有限公司

	期初余额 78 750.00
	期末余额 78 750.00

应付职工薪酬——职工工资

	期初余额 79 530.00
	期末余额 79 530.00

应付职工薪酬——社会保险费

	期初余额 21 632.16
	期末余额 21 632.16

应付职工薪酬——住房公积金

	期初余额 5 687.00
	期末余额 5 687.00

应交税费——应交增值税——进项税额

期初余额 1 771 881.61	
期末余额 1 771 881.61	

应交税费——应交增值税——销项税额

	期初余额 1 775 251.30
	期末余额 1 775 251.30

应交税费——应交增值税——转出未交增值税

期初余额 3 369.69	
期末余额 3 369.69	

应交税费——应交城市维护建设税

	期初余额 235.88
	期末余额 235.88

应交税费——应交个人所得税

	期初余额 177.05
	期末余额 177.05

应交税费——应交教育费附加

	期初余额 101.09
	期末余额 101.09

应交税费——未交增值税

	期初余额 3 369.69
	期末余额 3 369.69

应交税费——应交地方教育费附加

	期初余额 67.39
	期末余额 67.39

应交税费——应交印花税

	期初余额 17.25
	期末余额 17.25

其他应付款——定金

	期初余额　10 000.00
	期末余额　10 000.00

其他应付款——社会保险（个人负担）

	期初余额　8 350.65
	期末余额　8 350.65

其他应付款——住房公积金（个人负担）

	期初余额　5 687.00
	期末余额　5 687.00

实收资本——张浩

	期初余额　1 000 000.00
	期末余额　1 000 000.00

实收资本——李绅

	期初余额　1 000 000.00
	期末余额　1 000 000.00

实收资本——王天明

	期初余额　3 000 000.00
	期末余额　3 000 000.00

利润分配——未分配利润

	期初余额　933 054.69
	期末余额　933 054.69

生产成本——基本生产成本——直接材料（电控装置）

期初余额　7 109.00	
期末余额　7 109.00	

本年利润

期初余额　856 447.62	
期末余额　856 447.62	

3.1.3　登记期初总分类账

以“应收票据”总账为例进行期初登记，如表 3 - 8 所示。其他总账的期初登记以“T”形账替代。

表 3-8 应收票据总分类账

会计科目：应收票据（1121）　　　　报表期间：20××.12—20××.12

凭证日期	凭证号	摘要	借方金额	贷方金额	方向	余额
20××-12		期初余额			借	150 000.00

库存现金	
期初余额 1 050.60	
期末余额 1 050.60	

银行存款	
期初余额 3 682 780.37	
期末余额 3 682 780.37	

应收账款	
期初余额 75 000.00	
期末余额 75 000.00	

预付账款	
期初余额 50 000.00	
期末余额 50 000.00	

其他应收款	
期初余额 4 000.00	
期末余额 4 000.00	

在途物资	
期初余额 81 000.00	
期末余额 81 000.00	

原材料	
期初余额 63 400.00	
期末余额 63 400.00	

库存商品	
期初余额 336 932.10	
期末余额 336 932.10	

固定资产	
期初余额 1 046 095.69	
期末余额 1 046 095.69	

累计折旧	
	期初余额 156 755.53
	期末余额 156 755.53

无形资产

期初余额 12 000.00	
期末余额 12 000.00	

累计摊销

	期初余额 2 400.00
	期末余额 2 400.00

应付账款

	期初余额 138 750.00
	期末余额 138 750.00

应付职工薪酬

	期初余额 106 849.16
	期末余额 106 849.16

应交税费

	期初余额 3 968.35
	期末余额 3 968.35

其他应付款

	期初余额 24 037.65
	期末余额 24 037.65

实收资本

	期初余额 5 000 000.00
	期末余额 5 000 000.00

本年利润

期初余额 856 447.62	
期末余额 856 447.62	

利润分配

	期初余额 933 054.69
	期末余额 933 054.69

生产成本

期初余额 7 109.00	
期末余额 7 109.00	

3.2 本期经济业务数据的登记

根据本期发生经济业务的记账凭证登记日记账、总账与明细账，相关业务资料见实训二。

3.2.1 登记本期库存现金日记账和银行存款日记账

登记本期库存现金日记账和银行存款日记账，如表 3-9、表 3-10 所示。

表 3-9 库存现金日记账

会计科目：库存现金（1001） 报表期间：20××.12—20××.12

凭证日期	凭证号	摘要	借方金额	贷方金额	方向	余额
20××-12		期初余额			借	1 050.60
20××-12-01	记-00004	购入复印一体机		872.00	借	178.60
20××-12-01	记-00009	提取备用金	15 000.00		借	15 178.60
20××-12-05	记-00019	报销费用		340.00	借	14 838.60
20××-12-08	记-00029	支付罚款		450.00	借	14 388.60
20××-12-09	记-00031	报销差旅费	200.00		借	14 588.60
20××-12-15	记-00041	预借差旅费		5 000.00	借	9 588.60
20××-12-15	记-00047	提现	65 315.30		借	74 903.90
20××-12-20	记-00061	核销差旅费		1 500.00	借	73 403.90
20××-12-28	记-00077	预借差旅费		5 000.00	借	68 403.90
20××-12-31	记-00098	发放工资		65 315.30	借	3 088.60
20××-12		本月合计	80 515.30	78 477.30	借	3 088.60
20××		本年累计	81 565.90	78 477.30	借	3 088.60

表 3-10 银行存款日记账

会计科目：银行存款（1002） 报表期间：20××.12—20××.12

凭证日期	凭证号	摘要	借方金额	贷方金额	方向	余额
20××-12		期初余额		0.00	借	3 682 780.37
20××-12-01	记-00001	收到投资者投资	500 000.00		借	4 182 780.37
20××-12-01	记-00003	商业承兑汇票贴现	49 000.00		借	4 231 780.37
20××-12-01	记-00004	购入复印一体机		10 170.00	借	4 221 610.37
20××-12-01	记-00005	购入无形资产		24 000.00	借	4 197 610.37
20××-12-01	记-00007	向银行借入资金	200 000.00		借	4 397 610.37
20××-12-01	记-00008	从银行取得长期借款	800 000.00		借	5 197 610.37

续表

凭证日期	凭证号	摘要	借方金额	贷方金额	方向	余额
20××-12-01	记-00009	提取备用金		15 000.00	借	5 182 610.37
20××-12-02	记-00010	购入触摸屏并验收入库		118 650.00	借	5 063 960.37
20××-12-02	记-00014	委托加工		5 650.00	借	5 058 310.37
20××-12-02	记-00015	销售商品	452 000.00		借	5 510 310.37
20××-12-02	记-00016	收到前欠货款	75 000.00		借	5 585 310.37
20××-12-02	记-00017	预收货款	100 000.00		借	5 685 310.37
20××-12-05	记-00018	购买材料		118 650.00	借	5 566 660.37
20××-12-06	记-00020	购买原材料		403 410.00	借	5 163 250.37
20××-12-07	记-00022	购买材料		163 570.00	借	4 999 680.37
20××-12-07	记-00024	支付广告费		12 000.00	借	4 987 680.37
20××-12-07	记-00025	支付手续费		10.50	借	4 987 669.87
20××-12-08	记-00028	支付购买办公用品费		980.00	借	4 986 689.87
20××-12-08	记-00030	缴纳社保		29 982.81	借	4 956 707.06
20××-12-10	记-00032	预付货款		50 000.00	借	4 906 707.06
20××-12-11	记-00036	销售商品	252 000.00		借	5 158 707.06
20××-12-15	记-00040	商业承兑汇票到期	150 000.00		借	5 308 707.06
20××-12-15	记-00042	销售商品	254 250.00		借	5 562 957.06
20××-12-15	记-00043	缴纳上月税费		3 369.69	借	5 559 587.37
20××-12-15	记-00044	缴纳上月税费		404.36	借	5 559 183.01
20××-12-15	记-00045	缴纳上月税费		177.05	借	5 559 005.96
20××-12-15	记-00046	缴纳上月税费		17.25	借	5 558 988.71
20××-12-15	记-00047	提现		65 315.30	借	5 493 673.41
20××-12-16	记-00048	支付电费		26 611.50	借	5 467 061.91
20××-12-16	记-00049	支付水费		4 247.45	借	5 462 814.46
20××-12-18	记-00054	支付拆卸费、搬运费		1 000.00	借	5 461 814.46
20××-12-19	记-00056	收到固定资产变卖款	9 605.00		借	5 471 419.46
20××-12-20	记-00057	发放福利		12 760.00	借	5 458 659.46
20××-12-20	记-00059	支付展销费		20 000.00	借	5 438 659.46
20××-12-20	记-00060	购买办公用品		500.00	借	5 438 159.46
20××-12-21	记-00062	支付前欠货款		78 750.00	借	5 359 409.46
20××-12-20	记-00063	收到存款利息		—552.10	借	5 359 961.56
20××-12-20	记-00065	支付手续费		10.50	借	5 359 951.06
20××-12-24	记-00066	报销洗车费及车辆保养费		1 200.00	借	5 358 751.06
20××-12-24	记-00067	支付电话费		1 500.00	借	5 357 251.06
20××-12-25	记-00072	销售退回	—252 000.00		借	5 105 251.06
20××-12-26	记-00073	交纳住房公积金		11 374.00	借	5 093 877.06
20××-12-27	记-00074	销售商品	632 800.00		借	5 726 677.06
20××-12-28	记-00075	收到货款	271 200.00		借	5 997 877.06

续表

凭证日期	凭证号	摘要	借方金额	贷方金额	方向	余额
20××-12-28	记-00076	捐款		100 000.00	借	5 897 877.06
20××-12-30	记-00078	现金折扣	−25 425.00		借	5 872 452.06
20××-12-31	记-00084	支付短期借款利息		1 000.00	借	5 871 452.06
20××-12-31	记-00089	支付长期借款利息		4 100.00	借	5 867 352.06
20××-12		本月合计	3 468 430.00	1 283 858.31	借	5 867 352.06
20××		本年累计	7 151 210.37	1 283 858.31	借	5 867 352.06

3.2.2 登记本期明细账

以“应收票据——北京仪表研究院”明细账为例进行登记，如表3-11所示。其他明细账的登记以“T”形账替代。

表3-11 应收票据——北京仪表研究院明细账

会计科目：应收票据——北京仪表研究院（1121001） 20××.12—20××.12

凭证日期	凭证号	摘要	借方金额	贷方金额	方向	余额
20××-12-15	记-00040	商业承兑汇票到期		150 000.00	平	0.00
20××-12-18	记-00053	销售货物	847 500.00		借	847 500.00
20××-12		本月合计	847 500.00	150 000.00	借	847 500.00
20××		本年累计	997 500.00	150 000.00	借	847 500.00

应收票据——北京博特科技有限公司

借方		贷方	
期初余额			
(4)	180 800.00	50 000.00	(6)
期末余额	130 800.00		

应收账款——北京博特科技有限公司

借方		贷方	
期初余额	75 000.00		
(46)	254 250.00	75 000.00	(7)
(47)	−254 250.00	2 250.00	(46)
		252 000.00	(46)
		−2 250.00	(47)
		−252 000.00	(47)
期末余额	0.00		

应收账款——北京华普电子有限公司

借方		贷方	
期初余额			
(42)	271 200.00	271 200.00	(48)
期末余额	0.00		

应收账款——北京仪表研究院

借方		贷方	
期初余额			
(45)	452 000.00		
期末余额	452 000.00		

预付账款——北京明辉科技发展有限公司

借方		贷方	
期初余额	50 000.00		
(8)	50 000.00	50 000.00	(14)
期末余额	50 000.00		

其他应收款——赵平

借方		贷方	
期初余额	4 000.00		
(83)	5 000.00	4 000.00	(10)
期末余额	5 000.00		

其他应收款——吴韧

借方		贷方	
期初余额			
(11)	5 000.00	5 000.00	(74)
期末余额	0.00		

在途物资——模块

借方		贷方	
期初余额	51 000.00		
		51 000.00	(16)
期末余额	0.00		

在途物资——压力变送器

借方		贷方	
期初余额	30 000.00		
		30 000.00	(17)
期末余额	0.00		

原材料——触摸屏

借方		贷方	
期初余额	20 980.00		
(9)	105 000.00	20 999.00	(19)
(15)	105 000.00	377 982.00	(18)
(14)	189 000.00		
期末余额	20 999.00		

原材料——模块

借方		贷方	
期初余额	30 570.00		
(16)	51 000.00	20 398.60	(19)
(12)	357 000.00	367 174.80	(18)
		2 040.00	(21)
期末余额	48 956.60		

原材料——温度变送器

借方		贷方	
期初余额	8 900.00		
(13)	27 000.00	10 770.00	(18)
期末余额	25 130.00		

原材料——压力变送器

借方		贷方	
期初余额	2 950.00		
(17)	30 000.00	5 997.40	(19)
(13)	84 000.00	89 961.00	(18)
期末余额	20 991.60		

库存商品——电控装置

借方		贷方	
期初余额	129 010.50		
(20)	52 395.00	52 395.00	(4)
(59)	772 182.53	639 135.00	(51)
期末余额	262 058.03		

库存商品——换带装置

期初余额	20 7921.60		
(59)	155 268.50	336 414.00	(51)
期末余额	26 776.10		

长期股权投资——北京环城商贸有限公司

期初余额			
(40)	452 000.00		
期末余额	452 000.00		

固定资产——笔记本电脑

期初余额	3 119.66		
		3 119.66	(25)
期末余额	0.00		

固定资产——投影仪

期初余额			
(56)	6 500.00		
期末余额	6 500.00		

固定资产——复印一体机

期初余额			
(23)	9 800.00		
期末余额	9 800.00		

固定资产——机器设备

期初余额	320 000.00		
		80 000.00	(70)
期末余额	240 000.00		

无形资产——非专利技术

期初余额	12 000.00		
(2)	500 000.00	12 000.00	(28)
(26)	24 000.00		
期末余额	524 000.00		

待处理财产损溢——待处理流动资产损溢

期初余额			
(21)	2 305.20	2 305.20	(22)
期末余额	0.00		

待处理财产损溢——待处理非流动资产损溢

期初余额			
(25)	2 049.50		
期末余额	2 049.50		

应付票据——苏州美创自动化技术有限公司

		期初余额	
		125 430.00	(13)
		期末余额	125 430.00

应付票据——北京钢构制造有限公司

		期初余额	
		60 000.00	(31)
		期末余额	60 000.00

应付账款——北京钢构制造有限公司

		期初余额	60 000.00
(31)	60 000.00		
		期末余额	0.00

应付账款——北京明辉科技发展有限公司

		期初余额	78 750.00
(14)	163 570.00	163 570.00	(14)
(32)	78 750.00		
		期末余额	0.00

预收账款——北京华普电子有限公司

		期初余额	
		100 000.00	(33)
		期末余额	100 000.00

应付职工薪酬——职工工资

		期初余额	79 530.00
(82)	79 530.00	79 530.00	(34)
		期末余额	79 530.00

应付职工薪酬——职工福利

		期初余额	
(37)	12 760.00	12 760.00	(37)
		期末余额	0.00

应付职工薪酬——社会保险

		期初余额	21 632.16
(65)	21 632.16	21 632.16	(34)
		期末余额	21 632.16

应付职工薪酬——住房公积金

		期初余额	5 687.00
(66)	5 687.00	5 687.00	(36)
		期末余额	5 687.00

应交税费——应交增值税——进项税额

期初余额	1 771 881.61		
(23)	1 170.00	1 890 836.26	(87)
(23)	72.00		
(9)	13 650.00		
(19)	650.00		
(15)	13 650.00		
(12)	46 410.00		
(14)	24 570.00		
(13)	14 430.00		
(10)	9.00		
(56)	845.00		
(52)	3 061.50		
(53)	350.70		
(74)	86.45		
期末余额	0.00		

应交税费——应交增值税——销项税额

		期初余额	1 775 251.30
(87)	2 180 981.30	52 000.00	(40)
		29 250.00	(44)
		20 800.00	(4)
		29 250.00	(46)
		52 000.00	(41)
		97 500.00	(3)
		1 105.00	(72)
		31 200.00	(42)
		−29 250.00	(47)
		72 800.00	(43)
		−2 925.00	(49)
		52 000.00	(45)
		期末余额	0.00

应交税费——应交增值税——进项税额转出

		期初余额	
(87)	265.20	265.20	(21)
		期末余额	0.00

应交税费——应交增值税——转出未交增值税

期初余额	3 369.69		
(80)	287 040.55	290 410.24	(87)
期末余额	0.00		

应交税费——应交城市维护建设税

		期初余额	235.88
(63)	235.88	20 092.84	(81)
		期末余额	20 092.84

应交税费——应交企业所得税

		期初余额	
		45 147.71	(84)
		期末余额	45 147.71

应交税费——应交个人所得税

		期初余额	177.05
(63)	177.05	177.05	(82)
		期末余额	177.05

应交税费——应交教育费附加

		期初余额	101.09
(63)	101.09	8 611.22	(81)
		期末余额	8 611.22

应交税费——未交增值税

		期初余额	3 369.69
(63)	3 369.69	287 040.55	(80)
		期末余额	287 040.55

应交税费——应交地方教育费附加

		期初余额	67.39
(63)	67.39	5 740.81	(81)
		期末余额	5 740.81

应交税费——应交印花税

		期初余额	17.25
(63)	17.25	1 120.50	(79)
		期末余额	1 120.50

应付利息——中国邮政储蓄银行

		期初余额	
(30)	1 000.00	1 000.00	(30)
(39)	4 100.00	4 100.00	(39)
		期末余额	0.00

其他应付款——定金

		期初余额	10 000.00
(55)	10 000.00		
		期末余额	0.00

其他应付款——社会保险（个人负担）

		期初余额	8 350.65
(65)	8 350.65	8 350.65	(82)
		期末余额	8 350.65

其他应付款——住房公积金（个人负担）

	期初余额　5 687.00
(66)　5 687.00	5 687.00　(82)
	期末余额　5 687.00

长期借款——中国邮政储蓄银行

	期初余额
	800 000.00　(38)
	期末余额　800 000.00

实收资本——张浩

	期初余额　1 000 000.00
	500 000.00　(1)
	期末余额　1 500 000.00

实收资本——李绅

	期初余额　1 000 000.00
	500 000.00　(2)
	期末余额　1 500 000.00

盈余公积——法定盈余公积

	期初余额
	85 780.65　(88)
	期末余额　85 780.65

利润分配——提取法定盈余公积

期初余额	
(88)　85 780.65	85 780.65　(89)
期末余额　0.00	

利润分配——未分配利润

	期初余额　933 054.69
(89)　85 780.65	857 806.50 (86)
	期末余额　1 705 080.54

生产成本——基本生产成本——直接材料（换带装置）

期初余额	
(18)　134 962.80	134 962.80　(59)
期末余额　0.00	

生产成本——基本生产成本——直接人工（电控装置）

期初余额	
(34)　20 240.00	25 745.28　(59)
(35)　5 505.28	
期末余额　0.00	

生产成本——基本生产成本——直接人工（换带装置）

期初余额	
(34)　7 590.00	9 654.48　(59)
(35)　2 064.48	
期末余额　0.00	

生产成本——基本生产成本——直接材料（电控装置）

期初余额　7 109.00	
(18)　710 925.00	718 034.00　(59)
期末余额　0.00	

生产成本——基本生产成本——制造费用（电控装置）

期初余额	
(78)　28 403.25	28 403.25　(59)
期末余额　0.00	

生产成本——基本生产成本——制造费用（换带装置）

期初余额			
(78)	10 651.22	10 651.22	(59)
期末余额	0.00		

制造费用——电费

期初余额			
(52)	16 500.00	16 500.00	(78)
期末余额	0.00		

制造费用——水费

期初余额			
(53)	3 432.00	3 432.00	(78)
期末余额	0.00		

制造费用——固定资产折旧

期初余额			
(70)	666.67	4 749.67	(78)
(24)	4 083.00		
期末余额	0.00		

制造费用——职工薪酬

期初余额			
(34)	10 400.00	10 400.00	(78)
期末余额	0.00		

制造费用——社会保险

期初余额			
(35)	2 828.80	2 828.80	(78)
期末余额	0.00		

主营业务收入——电控装置

		期初余额	
(85)	2 160 000.00	400 000.00	(40)
		160 000.00	(4)
		400 000.00	(41)
		240 000.00	(42)
		560 000.00	(43)
		400 000.00	(45)
		期末余额	0.00

主营业务收入——换带装置

		期初余额	
(85)	952 500.00	225 000.00	(44)
		225 000.00	(46)
		750 000.00	(3)
		−225 000.00	(47)
		−22 500.00	(49)
		期末余额	0.00

制造费用——住房公积金

期初余额			
(36)	1 144.00	1 144.00	(78)
期末余额	0.00		

营业外收入——捐赠收益

		期初余额	
(85)	7 345.00	7 345.00	(56)
		期末余额	0.00

营业外收入——其他

		期初余额	
(85)	10 000.00	10 000.00	(55)
		期末余额	0.00

主营业务成本——电控装置

期初余额			
(4)	52 395.00	691 530.00	(85)
(51)	639 135.00		
期末余额	0.00		

主营业务成本——换带装置

期初余额			
(51)	336 414.00	336 414.00	(85)
期末余额	0.00		

税金及附加——城市维护建设税

期初余额			
(81)	20 092.84	20 092.84	(85)
期末余额	0.00		

税金及附加——印花税

期初余额			
(79)	1 120.50	1 120.50	(85)
期末余额	0.00		

税金及附加——教育费附加

期初余额			
(81)	8 611.22	8 611.22	(85)
期末余额	0.00		

税金及附加——地方教育费附加

期初余额			
(81)	5 740.81	5 740.81	(85)
期末余额	0.00		

销售费用——职工薪酬

期初余额			
(34)	6 300.00	6 300.00	(85)
期末余额	0.00		

销售费用——电费

期初余额			
(52)	1 800.00	1 800.00	(85)
期末余额	0.00		

销售费用——水费

期初余额			
(53)	107.25	107.25	(85)
期末余额	0.00		

销售费用——社会保险

期初余额			
(35)	1 713.60	1 713.60	(85)
期末余额	0.00		

销售费用——住房公积金

期初余额			
(36)	693.00	693.00	(85)
期末余额	0.00		

管理费用——职工薪酬

期初余额			
(34)	35 000.00	35 000.00	(85)
期末余额	0.00		

管理费用——固定资产折旧费

期初余额			
(25)	82.32	4 117.13	(85)
(24)	4 034.81		
期末余额	0.00		

管理费用——办公费

期初余额			
(54)	980.00	1 480.00	(85)
(69)	500.00		
期末余额	0.00		

管理费用——差旅费

期初余额			
(10)	3 791.00	10 204.55	(85)
(74)	6 413.55		
期末余额	0.00		

管理费用——业务招待费

期初余额			
(61)	285.00	285.00	(85)
期末余额	0.00		

管理费用——交通费

期初余额			
(61)	55.00	55.00	(85)
期末余额	0.00		

管理费用——广告费

期初余额			
(62)	12 000.00	12 000.00	(85)
期末余额	0.00		

管理费用——电费

期初余额			
(52)	5 250.00	5 250.00	(85)
期末余额	0.00		

管理费用——水费

期初余额			
(53)	357.50	357.50	(85)
期末余额	0.00		

管理费用——福利费

期初余额			
(37)	12 760.00	12 760.00	(85)
期末余额	0.00		

管理费用——展销费

期初余额			
(67)	20 000.00	20 000.00	(85)
期末余额	0.00		

管理费用——汽车费

期初余额			
(75)	1 200.00	1 200.00	(85)
期末余额	0.00		

管理费用——电话费

期初余额			
(76)	1 500.00	1 500.00	(85)
期末余额	0.00		

管理费用——盘亏

期初余额			
(22)	2 305.20	2 305.20	(85)
期末余额	0.00		

管理费用——非专利技术

期初余额			
(27)	4 416.67	4 416.67	(85)
期末余额	0.00		

管理费用——社会保险

期初余额			
(35)	9 520.00	9 520.00	(85)
期末余额	0.00		

管理费用——住房公积金

期初余额			
(36)	3 850.00	3 850.00	(85)
期末余额	0.00		

财务费用——利息支出

期初余额			
(30)	1 000.00	1 000.00	(85)
期末余额	0.00		

财务费用——手续费

期初余额			
(64)	10.50	21.00	(85)
(46)	2 250.00		
(77)	10.50		
(47)	−2 250.00		
期末余额	0.00		

财务费用——贴现利息支出

期初余额			
(6)	1 000.00	1 000.00	(85)
期末余额	0.00		

财务费用——利息收入

期初余额			
(50)	−552.10	−552.10	(85)
期末余额	0.00		

营业外支出——非流动资产处置损失

期初余额			
(28)	9 600.00	70 100.00	(85)
(73)	60 500.00		
期末余额	0.00		

营业外支出——罚款支出

期初余额			
(58)	450.00	450.00	(85)
期末余额	0.00		

营业外支出——捐赠支出

期初余额			
(57)	100 000.00	100 000.00	(85)
期末余额	0.00		

3.2.3 登记本期总账

以“库存现金”总账为例进行登记，如表 3－12 所示。其他总账登记以“T”形账代替。

表 3－12 库存现金本期发生总账

会计科目：库存现金（1001） 报表期间：20××.12—20××.12

日期	摘要	借方金额	贷方金额	方向	余额
20××－12	期初余额			借	1 050.60
20××－12	本月合计	80 515.30	78 477.30	借	3 088.60
20××	本年累计	81 565.90	78 477.30	借	3 088.60

银行存款

期初余额	3 682 780.37	
	3 468 430.00	1 283 858.31
期末余额	5 867 352.06	

应收票据

期初余额	150 000.00	
	1 028 300.00	200 000.00
期末余额	978 300.00	

应收账款

期初余额	75 000.00	
	723 200.00	346 200.00
期末余额	452 000.00	

预付账款

期初余额	50 000.00	
	50 000.00	50 000.00
期末余额	50 000.00	

其他应收款

期初余额	4 000.00	
	10 000.00	9 000.00
期末余额	5 000.00	

在途物资

期初余额	81 000.00	
		81 000.00
期末余额	0.00	

原材料

期初余额　63 400.00	
948 000.00	895 322.80
期末余额　116 077.20	

库存商品

期初余额　336 932.10	
979 846.03	1 027 944.00
期末余额　288 834.13	

委托加工物资

期初余额	
52 395.00	52 395.00
期末余额　0.00	

长期股权投资

期初余额	
452 000.00	
期末余额　452 000.00	

固定资产

期初余额　1 046 095.69	
16 300.00	83 119.66
期末余额　979 276.03	

累计折旧

	期初余额　156 755.53
13 070.16	8 866.80
	期末余额　152 552.17

在建工程

期初余额	
4 100.00	
期末余额　4 100.00	

固定资产清理

期初余额	
69 000.00	69 000.00
期末余额　0.00	

无形资产

期初余额　12 000.00	
524 000.00	12 000.00
期末余额　524 000.00	

累计摊销

	期初余额　2 400.00
2 400.00	4 416.67
	期末余额　4 416.67

待处理财产损溢

期初余额	
4 354.70	2 305.20
期末余额 2 049.50	

短期借款

	期初余额
	200 000.00
	期末余额 200 000.00

应付票据

	期初余额
	185 430.00
	期末余额 185 430.00

应付账款

	期初余额 138 750.00
302 320.00	163 570.00
	期末余额 0.00

预收账款

	期初余额
	100 000.00
	期末余额 100 000.00

应付职工薪酬

	期初余额 106 849.16
119 609.16	119 609.16
	期末余额 106 849.16

应交税费

	期初余额 3 968.35
2 591 210.05	2 955 172.38
	期末余额 367 930.68

应交税费——应交增值税

	期初余额
2 587 241.70	2 587 241.70
	期末余额 0.00

应付利息

	期初余额
5 100.00	5 100.00
	期末余额 0.00

其他应付款

	期初余额 24 037.65
24 037.65	14 037.65
	期末余额 14 037.65

长期借款

	期初余额
	800 000.00
	期末余额 800 000.00

实收资本

	期初余额 5 000 000.00
	1 000 000.00
	期末余额 6 000 000.00

盈余公积

	期初余额
	85 780.65
	期末余额　85 780.65

本年利润

期初余额　856 447.62	
902 954.21	1 759 401.83
期末余额　0.00	

利润分配

	期初余额　933 054.69
171 561.30	943 587.15
	期末余额　1 705 080.54

生产成本

期初余额　7 109.00	
920 342.03	927 451.03
期末余额　0.00	

生产成本——基本生产成本

期初余额　7 109.00	
920 342.03	927 451.03
期末余额　0.00	

制造费用

期初余额	
39 054.47	39 054.47
期末余额　0.00	

主营业务收入

	期初余额
3 112 500.00	3 112 500.00
	期末余额　0.00

营业外收入

	期初余额
17 345.00	17 345.00
	期末余额　0.00

主营业务成本

期初余额	
1 027 944.00	1 027 944.00
期末余额　0.00	

税金及附加

期初余额	
35 565.37	35 565.37
期末余额　0.00	

销售费用

期初余额	
10 613.85	10 613.85
期末余额　0.00	

管理费用

期初余额	
124 301.05	124 301.05
期末余额　0.00	

财务费用

期初余额		
	1 468.90	1 468.90
期末余额	0.00	

营业外支出

期初余额		
	170 550.00	170 550.00
期末余额	0.00	

所得税费用

期初余额		
	45 147.71	45 147.71
期末余额	0.00	

3.3 编制科目汇总表

3.3.1 科目汇总表的概念

科目汇总表亦称总账余额汇总表，是按照总账科目余额编制的。编制记账凭证之后，将各种记账凭证按照会计科目汇总成表，然后根据科目汇总表登记总分类账。

3.3.2 科目汇总表的编制方法

编制科目汇总表时，将所有已制单的凭证余额进行整理，原理为：期初余额＋（或－）本期发生额（包括借方发生额和贷方发生额）＝期末余额。在确定选项时，一般应包括未记账的凭证。编制科目汇总表的目的主要是方便做财务报表。

科目汇总表显示各个科目的余额，一般包括上期余额、本期发生额、期末余额。其作用是查询会计科目的发生额、余额等会计信息。科目汇总表及相关资料见表 3－13～表 3－16。

表 3-13　科目汇总表

报表期间　20××-12　　　　单位：元

科目编号	科目名称	年初余额		期初余额		本期发生额		本年累计额		期末余额	
		方向	余额	方向	余额	借方	贷方	借方	贷方	方向	余额
1001	库存现金	平	0.00	借	1 050.60	80 515.30	78 477.30	81 565.90	78 477.30	借	3 088.60
1002	银行存款	平	0.00	借	3 682 780.37	3 468 430.00	1 283 858.31	7 151 210.37	1 283 858.31	借	5 867 352.06
1002001	中国工商银行北京东升路支行	平	0.00	借	2 482 780.37	2 468 430.00	1 203 543.01	4 951 210.37	1 203 543.01	借	3 747 667.36
1002002	中国邮政储蓄银行	平	0.00	借	1 200 000.00	1 000 000.00	80 315.30	2 200 000.00	80 315.30	借	2 119 684.70
1121	应收票据	平	0.00	借	150 000.00	1 028 300.00	200 000.00	1 178 300.00	200 000.00	借	978 300.00
1121001	北京仪表研究院	平	0.00	借	150 000.00	847 500.00	150 000.00	997 500.00	150 000.00	借	847 500.00
1121002	北京博特科技有限公司	平	0.00	平	0.00	180 800.00	50 000.00	180 800.00	50 000.00	借	130 800.00
1122	应收账款	平	0.00	借	75 000.00	723 200.00	346 200.00	798 200.00	346 200.00	借	452 000.00
1122001	北京博特科技有限公司	平	0.00	借	75 000.00	0.00	75 000.00	75 000.00	75 000.00	平	0.00
1122002	北京华普电子有限公司	平	0.00	平	0.00	271 200.00	271 200.00	271 200.00	271 200.00	平	0.00
1122003	北京仪表研究院	平	0.00	平	0.00	452 000.00	0.00	452 000.00	0.00	借	452 000.00
1123	预付账款	平	0.00	借	50 000.00	50 000.00	50 000.00	100 000.00	50 000.00	借	50 000.00
1123001	北京明辉科技发展有限公司	平	0.00	借	50 000.00	50 000.00	50 000.00	100 000.00	50 000.00	借	50 000.00
1221	其他应收款	平	0.00	借	4 000.00	10 000.00	9 000.00	14 000.00	9 000.00	借	5 000.00
1221001	赵平	平	0.00	借	4 000.00	5 000.00	4 000.00	9 000.00	4 000.00	借	5 000.00
1221002	吴韧	平	0.00	平	0.00	5 000.00	5 000.00	5 000.00	5 000.00	平	0.00
1402	在途物资	平	0.00	借	81 000.00	0.00	81 000.00	81 000.00	81 000.00	平	0.00
1402001	模块	平	0.00	借	51 000.00	0.00	51 000.00	51 000.00	51 000.00	平	0.00
1402002	压力变送器	平	0.00	借	30 000.00	0.00	30 000.00	30 000.00	30 000.00	平	0.00
1403	原材料	平	0.00	借	63 400.00	948 000.00	895 322.80	1 011 400.00	895 322.80	借	116 077.20
1403005	触摸屏	平	0.00	借	20 980.00	399 000.00	398 981.00	419 980.00	398 981.00	借	20 999.00
1403006	模块	平	0.00	借	30 570.00	408 000.00	389 613.40	438 570.00	389 613.40	借	48 956.60
1403007	温度变送器	平	0.00	借	8 900.00	27 000.00	10 770.00	35 900.00	10 770.00	借	25 130.00
1403008	压力变送器	平	0.00	借	2 950.00	114 000.00	95 958.40	116 950.00	95 958.40	借	20 991.60
1405	库存商品	平	0.00	借	336 932.10	979 846.03	1 027 944.00	1 316 778.13	1 027 944.00	借	288 834.13

续表

科目编号	科目名称	年初余额		期初余额		本期发生额		本年累计额		期末余额	
		方向	余额	方向	余额	借方	贷方	借方	贷方	方向	余额
1405001	电控装置	平	0.00	借	129 010.50	824 577.53	691 530.00	953 588.03	691 530.00	借	262 058.03
1405002	换带装置	平	0.00	借	207 921.60	155 268.50	336 414.00	363 190.10	336 414.00	借	26 776.10
1408	委托加工物资	平	0.00	平	0.00	52 395.00	52 395.00	52 395.00	52 395.00	平	0.00
1511	长期股权投资	平	0.00	平	0.00	452 000.00	0.00	452 000.00	0.00	借	452 000.00
1511001	北京环城商贸有限公司	平	0.00	平	0.00	452 000.00	0.00	452 000.00	0.00	借	452 000.00
1601	固定资产	平	0.00	借	1 046 095.69	16 300.00	83 119.66	1 062 395.69	83 119.66	借	979 276.03
1601001	江淮汽车	平	0.00	借	68 058.00	0.00	0.00	68 058.00	0.00	借	68 058.00
1601002	笔记本电脑	平	0.00	借	3 119.66	0.00	3 119.66	3 119.66	3 119.66	平	0.00
1601003	复印一体机	平	0.00	平	0.00	9 800.00	0.00	9 800.00	0.00	借	9 800.00
1601004	机器设备	平	0.00	借	320 000.00	0.00	80 000.00	320 000.00	80 000.00	借	240 000.00
1601005	投影仪	平	0.00	平	0.00	6 500.00	0.00	6 500.00	0.00	借	6 500.00
1601006	自用厂房	平	0.00	借	519 667.36	0.00	0.00	519 667.36	0.00	借	519 667.36
1601007	东风汽车	平	0.00	借	133 584.00	0.00	0.00	133 584.00	0.00	借	133 584.00
1601008	打印机	平	0.00	借	1 666.67	0.00	0.00	1 666.67	0.00	借	1 666.67
1602	累计折旧	平	0.00	贷	156 755.53	13 070.16	8 866.80	13 070.16	165 622.33	贷	152 552.17
1604	在建工程	平	0.00	平	0.00	4 100.00	0.00	4 100.00	0.00	借	4 100.00
1606	固定资产清理	平	0.00	平	0.00	69 000.00	69 000.00	69 000.00	69 000.00	平	0.00
1701	无形资产	平	0.00	借	12 000.00	524 000.00	12 000.00	536 000.00	12 000.00	借	524 000.00
1701001	非专利技术	平	0.00	借	12 000.00	524 000.00	12 000.00	536 000.00	12 000.00	借	524 000.00
1702	累计摊销	平	0.00	贷	2 400.00	2 400.00	4 416.67	2 400.00	6 816.67	贷	4 416.67
1901	待处理财产损溢	平	0.00	平	0.00	4 354.70	2 305.20	4 354.70	2 305.20	借	2 049.50
1901001	待处理流动资产损溢	平	0.00	平	0.00	2 305.20	2 305.20	2 305.20	2 305.20	平	0.00
1901002	待处理非流动资产损溢	平	0.00	平	0.00	2 049.50	0.00	2 049.50	0.00	借	2 049.50
2001	短期借款	平	0.00	平	0.00	0.00	200 000.00	0.00	200 000.00	贷	200 000.00
2201	应付票据	平	0.00	平	0.00	0.00	185 430.00	0.00	185 430.00	贷	185 430.00
2201001	苏州美创自动化技术有限公司	平	0.00	平	0.00	0.00	125 430.00	0.00	125 430.00	贷	125 430.00

续表

科目编号	科目名称	年初余额		期初余额		本期发生额		本年累计额		期末余额	
		方向	余额	方向	余额	借方	贷方	借方	贷方	方向	余额
2201002	北京钢构制造有限公司	平	0.00	平	0.00	0.00	60 000.00	0.00	60 000.00	贷	60 000.00
2202	应付账款	平	0.00	贷	138 750.00	302 320.00	163 570.00	302 320.00	302 320.00	平	0.00
2202001	北京钢构制造有限公司	平	0.00	贷	60 000.00	60 000.00	0.00	60 000.00	60 000.00	平	0.00
2202002	北京明辉科技发展有限公司	平	0.00	贷	78 750.00	242 320.00	163 570.00	242 320.00	242 320.00	平	0.00
2203	预收账款	平	0.00	平	0.00	0.00	100 000.00	0.00	100 000.00	贷	100 000.00
2203001	北京华普电子有限公司	平	0.00	平	0.00	0.00	100 000.00	0.00	100 000.00	贷	100 000.00
2211	应付职工薪酬	平	0.00	贷	106 849.16	119 609.16	119 609.16	119 609.16	226 458.32	贷	106 849.16
2211001	职工工资	平	0.00	贷	79 530.00	79 530.00	79 530.00	79 530.00	159 060.00	贷	79 530.00
2211003	职工福利费	平	0.00	平	0.00	12 760.00	12 760.00	12 760.00	12 760.00	平	0.00
2211004	社会保险费	平	0.00	贷	21 632.16	21 632.16	21 632.16	21 632.16	43 264.32	贷	21 632.16
2211005	住房公积金	平	0.00	贷	5 687.00	5 687.00	5 687.00	5 687.00	11 374.00	贷	5 687.00
2221	应交税费	平	0.00	贷	3 968.35	2 591 210.05	2 955 172.38	4 366 461.35	4 734 392.03	贷	367 930.68
2221001	应交增值税	平	0.00	平	0.00	2 587 241.70	2 587 241.70	4 362 493.00	4 362 493.00	平	0.00
2221001001	进项税额	平	0.00	借	1 771 881.61	118 954.65	1 890 836.26	1 890 836.26	1 890 836.26	平	0.00
2221001002	销项税额	平	0.00	贷	1 775 251.30	2 180 981.30	405 730.00	2 180 981.30	2 180 981.30	平	0.00
2221001004	进项税额转出	平	0.00	平	0.00	265.20	265.20	265.20	265.20	平	0.00
2221001007	转出未交增值税	平	0.00	借	3 369.69	287 040.55	290 410.24	290 410.24	290 410.24	平	0.00
2221004	应交城市维护建设税	平	0.00	贷	235.88	235.88	20 092.84	235.88	20 328.72	贷	20 092.84
2221010	应交企业所得税	平	0.00	平	0.00	0.00	45 147.71	0.00	45 147.71	贷	45 147.71
2221011	应交个人所得税	平	0.00	贷	177.05	177.05	177.05	177.05	354.10	贷	177.05
2221012	应交教育费附加	平	0.00	贷	101.09	101.09	8 611.22	101.09	8 712.31	贷	8 611.22
2221014	未交增值税	平	0.00	贷	3 369.69	3 369.69	287 040.55	3 369.69	290 410.24	贷	287 040.55
2221015	应交地方教育费附加	平	0.00	贷	67.39	67.39	5 740.81	67.39	5 808.20	贷	5 740.81
2221017	应交印花税	平	0.00	贷	17.25	17.25	1 120.50	17.25	1 137.75	贷	1 120.50
2231	应付利息	平	0.00	平	0.00	5 100.00	5 100.00	5 100.00	5 100.00	平	0.00
2241	其他应付款	平	0.00	贷	24 037.65	24 037.65	14 037.65	24 037.65	38 075.30	贷	14 037.65

续表

科目编号	科目名称	年初余额		期初余额		本期发生额		本年累计额		期末余额	
		方向	余额	方向	余额	借方	贷方	借方	贷方	方向	余额
2241001	定金	平	0.00	贷	10 000.00	10 000.00	0.00	10 000.00	10 000.00	平	0.00
2241002	社会保险（个人负担）	平	0.00	贷	8 350.65	8 350.65	8 350.65	8 350.65	16 701.30	贷	8 350.65
2241003	住房公积金（个人负担）	平	0.00	贷	5 687.00	5 687.00	5 687.00	5 687.00	11 374.00	贷	5 687.00
2501	长期借款	平	0.00	平	0.00	0.00	800 000.00	0.00	800 000.00	贷	800 000.00
2501001	中国邮政储蓄银行	平	0.00	平	0.00	0.00	800 000.00	0.00	800 000.00	贷	800 000.00
3001	实收资本	平	0.00	贷	5 000 000.00	0.00	1 000 000.00	0.00	6 000 000.00	贷	6 000 000.00
3001001	张浩	平	0.00	贷	1 000 000.00	0.00	500 000.00	0.00	1 500 000.00	贷	1 500 000.00
3001002	李绅	平	0.00	贷	1 000 000.00	0.00	500 000.00	0.00	1 500 000.00	贷	1 500 000.00
3001003	王天明	平	0.00	贷	3 000 000.00	0.00	0.00	0.00	3 000 000.00	贷	3 000 000.00
3101	盈余公积	平	0.00	平	0.00	0.00	85 780.65	0.00	85 780.65	贷	85 780.65
3101001	法定盈余公积	平	0.00	平	0.00	0.00	85 780.65	0.00	85 780.65	贷	85 780.65
3103	本年利润	平	0.00	借	856 447.62	902 954.21	1 759 401.83	1 759 401.83	1 759 401.83	平	0.00
3104	利润分配	平	0.00	贷	933 054.69	171 561.30	943 587.15	171 561.30	1 876 641.84	贷	1 705 080.54
3104002	提取法定盈余公积	平	0.00	平	0.00	85 780.65	85 780.65	85 780.65	85 780.65	平	0.00
3104010	未分配利润	平	0.00	贷	933 054.69	85 780.65	857 806.50	85 780.65	1 790 861.19	贷	1 705 080.54
4001	生产成本	平	0.00	借	7 109.00	920 342.03	927 451.03	927 451.03	927 451.03	平	0.00
4001001	基本生产成本	平	0.00	借	7 109.00	920 342.03	927 451.03	927 451.03	927 451.03	平	0.00
4001001001	直接材料（换带装置）	平	0.00	平	0.00	134 962.80	134 962.80	134 962.80	134 962.80	平	0.00
4001001002	直接人工（电控装置）	平	0.00	平	0.00	25 745.28	25 745.28	25 745.28	25 745.28	平	0.00
4001001003	直接材料（电控装置）	平	0.00	借	7 109.00	710 925.00	718 034.00	718 034.00	718 034.00	平	0.00
4001001004	直接人工（换带装置）	平	0.00	平	0.00	9 654.48	9 654.48	9 654.48	9 654.48	平	0.00
4001001005	制造费用（电控装置）	平	0.00	平	0.00	28 403.25	28 403.25	28 403.25	28 403.25	平	0.00
4001001006	制造费用（换带装置）	平	0.00	平	0.00	10 651.22	10 651.22	10 651.22	10 651.22	平	0.00
4101	制造费用	平	0.00	平	0.00	39 054.47	39 054.47	39 054.47	39 054.47	平	0.00
4101001	电费	平	0.00	平	0.00	16 500.00	16 500.00	16 500.00	16 500.00	平	0.00
4101002	水费	平	0.00	平	0.00	3 432.00	3 432.00	3 432.00	3 432.00	平	0.00
4101003	固定资产折旧	平	0.00	平	0.00	4 749.67	4 749.67	4 749.67	4 749.67	平	0.00

续表

科目编号	科目名称	年初余额		斯初余额		本期发生额		本年累计额		期末余额	
		方向	余额	方向	余额	借方	贷方	借方	贷方	方向	余额
4101004	职工薪酬	平	0.00	平	0.00	10 400.00	10 400.00	10 400.00	10 400.00	平	0.00
4101005	社会保险	平	0.00	平	0.00	2 828.80	2 828.80	2 828.80	2 828.80	平	0.00
4101006	住房公积金	平	0.00	平	0.00	1 144.00	1 144.00	1 144.00	1 144.00	平	0.00
5001	主营业务收入	平	0.00	平	0.00	3 112 500.00	3 112 500.00	3 555 154.71	3 955 154.71	平	0.00
5001001	电控装置	平	0.00	平	0.00	2 160 000.00	2 160 000.00	9 436 769.81	9 436 769.81	平	0.00
5001002	换带装置	平	0.00	平	0.00	952 500.00	952 500.00	4 118 384.90	4 118 384.90	平	0.00
5301	营业外收入	平	0.00	平	0.00	17 345.00	17 345.00	17 540.00	17 540.00	平	0.00
5301003	捐赠收益	平	0.00	平	0.00	7 345.00	7 345.00	7 540.00	7 540.00	平	0.00
5301011	其他	平	0.00	平	0.00	10 000.00	10 000.00	10 000.00	10 000.00	平	0.00
5401	主营业务成本	平	0.00	平	0.00	1 027 944.00	1 027 944.00	9 865 141.70	9 865 141.70	平	0.00
5401001	电控装置	平	0.00	平	0.00	691 530.00	691 530.00	6 976 761.13	6 976 761.13	平	0.00
5401002	换带装置	平	0.00	平	0.00	336 414.00	336 414.00	2 888 380.57	2 888 380.57	平	0.00
5403	税金及附加	平	0.00	平	0.00	35 565.37	35 565.37	1 501 346.56	1 501 346.56	平	0.00
5403002	城市维护建设税	平	0.00	平	0.00	20 092.84	20 092.84	925 402.36	925 402.36	平	0.00
5403008	印花税	平	0.00	平	0.00	1 120.50	1 120.50	13 513.95	13 513.95	平	0.00
5403009	教育费附加	平	0.00	平	0.00	8 611.22	8 611.22	289 458.15	289 458.15	平	0.00
5403012	地方教育费附加	平	0.00	平	0.00	5 740.81	5 740.81	272 972.10	272 972.10	平	0.00
5601	销售费用	平	0.00	平	0.00	10 613.85	10 613.85	148 610.01	148 610.01	平	0.00
5601001	职工薪酬	平	0.00	平	0.00	6 300.00	6 300.00	108 166.59	108 166.59	平	0.00
5601010	电费	平	0.00	平	0.00	1 800.00	1 800.00	10 756.00	10 756.00	平	0.00
5601011	水费	平	0.00	平	0.00	107.25	107.25	4 863.25	4 863.25	平	0.00
5601012	社会保险	平	0.00	平	0.00	1 713.60	1 713.60	17 633.32	17 633.32	平	0.00
5601013	住房公积金	平	0.00	平	0.00	693.00	693.00	7 190.85	7 190.85	平	0.00
5602	管理费用	平	0.00	平	0.00	124 301.05	124 301.05	981 565.87	981 565.87	平	0.00
5602002	职工薪酬	平	0.00	平	0.00	35 000.00	35 000.00	447 412.00	447 412.00	平	0.00
5602003	固定资产折旧费	平	0.00	平	0.00	4 117.13	4 117.13	60 405.56	60 405.56	平	0.00
5602005	办公费	平	0.00	平	0.00	1 480.00	1 480.00	13 320.00	13 320.00	平	0.00

续表

科目编号	科目名称	年初余额		期初余额		本期发生额		本年累计额		期末余额	
		方向	余额	方向	余额	借方	贷方	借方	贷方	方向	余额
5602007	差旅费	平	0.00	平	0.00	10 204.55	10 204.55	12 684.23	12 684.23	平	0.00
5602008	业务招待费	平	0.00	平	0.00	285.00	285.00	39 520.00	39 520.00	平	0.00
5602011	交通费	平	0.00	平	0.00	55.00	55.00	7 025.00	7 025.00	平	0.00
5602012	广告费	平	0.00	平	0.00	12 000.00	12 000.00	12 000.00	12 000.00	平	0.00
5602013	电费	平	0.00	平	0.00	5 250.00	5 250.00	11 873.00	11 873.00	平	0.00
5602014	水费	平	0.00	平	0.00	357.50	357.50	3 599.00	3 599.00	平	0.00
5602015	福利费	平	0.00	平	0.00	12 760.00	12 760.00	65 500.00	65 500.00	平	0.00
5602016	展销费	平	0.00	平	0.00	20 000.00	20 000.00	20 000.00	20 000.00	平	0.00
5602017	汽车费	平	0.00	平	0.00	1 200.00	1 200.00	19 853.00	19 853.00	平	0.00
5602018	电话费	平	0.00	平	0.00	1 500.00	1 500.00	19 800.00	19 800.00	平	0.00
5602019	盘亏	平	0.00	平	0.00	2 305.20	2 305.20	53 000.04	53 000.04	平	0.00
5602020	非专利技术	平	0.00	平	0.00	4 416.67	4 416.67	14 416.14	14 416.14	平	0.00
5602021	社会保险	平	0.00	平	0.00	9 520.00	9 520.00	125 468.90	125 468.90	平	0.00
5602022	住房公积金	平	0.00	平	0.00	3 850.00	3 850.00	55 689.00	55 689.00	平	0.00
5603	财务费用	平	0.00	平	0.00	1 468.90	1 468.90	2 526.36	2 526.36	平	0.00
5603001	利息支出	平	0.00	平	0.00	1 000.00	1 000.00	5 824.00	5 824.00	平	0.00
5603003	手续费	平	0.00	平	0.00	21.00	21.00	326.00	326.36	平	0.00
5603005	贴现利息支出	平	0.00	平	0.00	1 000.00	1 000.00	1 000.00	1 000.00	平	0.00
5603006	利息收入	平	0.00	平	0.00	−552.10	−552.10	−4 624.00	−4 624.00	平	0.00
5711	营业外支出	平	0.00	平	0.00	170 550.00	170 550.00	170 550.00	170 550.00	平	0.00
5711002	非流动资产处置损失	平	0.00	平	0.00	70 100.00	70 100.00	70 100.00	70 100.00	平	0.00
5711010	罚款支出	平	0.00	平	0.00	450.00	450.00	450.00	450.00	平	0.00
5711011	捐赠支出	平	0.00	平	0.00	100 000.00	100 000.00	100 000.00	100 000.00	平	0.00
5801	所得税费用	平	0.00	平	0.00	45 147.71	45 147.71	45 147.71	45 147.71	平	0.00
合计		借	0.00	借	6 365 815.38	18 047 535.94	18 047 535.94	26 188 602.62	26 188 602.62	借	9 722 077.52
		贷	0.00	贷	6 365 815.38					贷	9 722 077.52

表 3-14　原材料库存盘点表（20××.12.31）

材料名称	单位	本月结存		
		数量	单价	金额
模块	个	48	1 019.93	48 956.64
温度变送器	个	140	179.50	25 130.00
压力变送器	个	70	299.88	20 991.60
触摸屏	个	20	1 049.95	20 999.00
合计				116 077.24

制单人：乔娜

表 3-15　库存商品盘点表（20××.12.31）

商品名称	期末数			备注
	数量	单价	金额	
电控装置	103	2 557.76	263 449.05	
换带装置	10	2 598.73	25 987.31	
合计	113		289 436.36	

制单人：乔娜

表 3-16　固定资产折旧分配表

编制单位：北京浩天科技开发有限公司　　20××年 12 月 30 日　　单位：元

序号	品名	数量	入账时间	折旧年限	原值	净残值率	月折旧额	已提折旧	已提减值准备	净值	折旧方法	折旧到期月	使用部门
1	自用厂房	1 间	20××.06.30	20 年	519 667.36	3.80%	2 083.00	35 411.00		484 256.36	平均年限法	20××.06	车间
2	机器设备	3 台	20××.06.30	10 年	240 000.00	0%	2 000.00	34 000.00		206 000.00	平均年限法	20××.06	车间
3	江淮汽车	1 辆	20××.09.30	4 年	68 058.00	5%	1 346.98	18 857.72		49 200.28	平均年限法	20××.09	人力资源部
4	东风汽车	1 辆	20××.09.30	4 年	133 584.00	5%	2 643.85	37 013.90		96 570.10	平均年限法	20××.09	人力资源部
5	打印机	1 台	20××.11.30	3 年	1 666.67	5%	43.98	527.76		1 138.91	平均年限法	20××.11	人力资源部
6	复印一体机	1 台	20××.12.01	3 年	9 800.00	5%				9 800.00	平均年限法	20××.12	人力资源部
7	投影仪	1 台	20××.12.13	3 年	6 500.00	5%				6 500.00	平均年限法	20××.12	人力资源部
合计					979 276.03		8117.81	125 810.38		853 465.65			

制单人：乔娜

实训四

财务报表编制与信息披露

实训目的

了解企业财务报表的类型，学习资产负债表、利润表和现金流量表的编制方法。

实训内容

编制试算平衡表、资产负债表、利润表和现金流量表。

实训方法

线下与线上实操练习。

实训要求

掌握资产负债表、利润表和现金流量表的编制方法。

4.1 资产负债表填制与信息披露

4.1.1 资产负债表的概念

资产负债表是反映企业在某一特定日期财务状况的报表。资产负债表提供了企业在特定日期所拥有或控制的经济资源、承担的债务责任和企业所有者拥有的权益等方面的会计信息。

4.1.2 资产负债表的填制方法与信息披露

本书中的财务报表全部按财政部《关于修订印发 2019 年度一般企业财务报表格式的通知》(财会〔2019〕6 号) 中附件 2《一般企业财务报表格式(适用于已执行新金融准则、新收入准则和新租赁准则的企业)》列报编制。部分项目主要填列方法如下:

(1)“应收票据”“其他应收款”“长期股权投资”“短期借款”“其他应付款”等项目根据相应科目余额直接填列。

(2)“货币资金”项目根据“库存现金”“银行存款”“其他货币资金”科目期末余额相加后填列。

(3)“存货”项目根据“材料采购”“在途物资”“原材料”“生产成本”“委托加工物资”“库存商品”等科目期末余额相加后填列。

(4)“固定资产”项目根据“固定资产”“累计折旧”“固定资产减值准备”科目期末余额相减后填列。

(5)“无形资产”项目应根据“无形资产”“累计摊销”“无形资产减值准备”科目期末余额相减后填列。

(6)“未分配利润”项目根据“本年利润”“利润分配”科目期末余额计算填列。

填列好的资产负债表如表 4-1 所示。

表 4-1 资产负债表

会企 01 表

编制单位:北京浩天科技发展有限公司　　20××年 12 月　　单位:元

资产	期末余额	上年年末余额	负债和所有者权益(或股东权益)	期末余额	上年年末余额
流动资产			流动负债		
货币资金	5 870 440.66	0.00	短期借款	200 000.00	0.00

续表

资产	期末余额	上年年末余额	负债和所有者权益（或股东权益）	期末余额	上年年末余额
交易性金融资产	0.00	0.00	交易性金融负债	0.00	0.00
衍生金融资产	0.00	0.00	衍生金融负债	0.00	0.00
应收票据	978 300.00	0.00	应付票据	185 430.00	0.00
应收账款	452 000.00	0.00	应付账款	0.00	0.00
预付款项	50 000.00	0.00	预收款项	100 000.00	0.00
其他应收款	5 000.00	0.00	应付职工薪酬	106 849.16	0.00
存货	404 911.33	0.00	应交税费	367 930.68	0.00
持有待售资产	0.00	0.00	其他应付款	14 037.65	0.00
一年内到期的非流动资产	0.00	0.00	持有待售负债	0.00	0.00
其他流动资产	0.00	0.00	一年内到期的非流动负债	0.00	0.00
流动资产合计	7 760 651.99	0.00	其他流动负债	0.00	0.00
非流动资产：			流动负债合计	974 247.49	0.00
债权投资	0.00	0.00	非流动负债：		
其他债权投资	0.00	0.00	长期借款	800 000.00	0.00
长期应收款	0.00	0.00	应付债券	0.00	0.00
长期股权投资	452 000.00	0.00	其中：优先股	0.00	0.00
投资性房地产	0.00	0.00	永续债	0.00	0.00
固定资产	826 723.86	0.00	长期应付款	0.00	0.00
在建工程	4 100.00	0.00	预计负债	0.00	0.00
生产性生物资产	0.00	0.00	递延收益	0.00	0.00
油气资产	0.00	0.00	递延所得税负债	0.00	0.00
无形资产	519 583.33	0.00	其他非流动负债	0.00	0.00
开发支出	0.00	0.00	非流动负债合计	800 000.00	0.00
商誉	0.00	0.00	负债合计	1 774 247.49	0.00
长摊待摊费用	0.00	0.00	所有者权益（或股东权益）：		
递延所得税资产	0.00	0.00	实收资本（或股本）	6 000 000.00	0.00
其他非流动资产	2 049.50	0.00	其他权益工具	0.00	0.00
非流动资产合计	1 804 456.69	0.00	其中：优先股	0.00	0.00
			永续债	0.00	0.00
			资本公积	0.00	0.00
			减：库存股	0.00	0.00
			其他综合收益	0.00	0.00
			专项储备	0.00	0.00
			盈余公积	85 780.65	0.00
			未分配利润	1 705 080.54	0.00
			所有者权益（或股东权益）合计	7 790 861.19	0.00
资产合计	9 565 108.68	0.00	负债和所有者权益（或股东权益）总计	9 565 108.68	0.00

4.2 利润表填制与信息披露

4.2.1　利润表的概念

利润表是用来反映企业在某一会计期间经营成果的报表。利润表把一定期间的收入与相关费用进行配比，用以计算一定期间的净利润（或亏损）。

4.2.2　利润表的填制方法与信息披露

利润表中的各项目依据各损益类科目的发生额分析填列。“本期金额”列各栏次反映本年1—12月累计金额，“上期金额”列各栏次反映上年同期金额。填列好的利润表如表4-2所示。

表4-2　利润表

会企02表

编制单位：北京浩天科技发展有限公司　　　20××年12月　　　单位：元

项目	本期金额	上期金额
一、营业收入	13 555 154.71	0.00
减：营业成本	9 865 141.70	0.00
税金及附加	1 501 346.56	0.00
销售费用	148 610.01	0.00
管理费用	981 565.87	0.00
研发费用	0.00	0.00
财务费用	2 526.36	0.00
其中：利息费用	0.00	0.00
利息收入	0.00	0.00
加：其他收益	0.00	0.00
投资收益（损失以“一”号填列）	0.00	0.00
其中：对联营企业和合营企业的投资收益	0.00	0.00
公允价值变动收益（损失以“一”号填列）	0.00	0.00
资产减值损失（损失以“一”号填列）	0.00	0.00
资产处置收益（损失以“一”号填列）	0.00	0.00
二、营业利润（亏损以“一”号填列）	1 055 964.21	0.00
加：营业外收入	17 540.00	0.00
减：营业外支出	170 550.00	0.00

续表

项目	本期金额	上期金额
三、利润总额（亏损总额以"—"号填列）	902 954.21	0.00
减：所得税费用	45 147.71	0.00
四、净利润（净亏损以"—"号填列）	857 806.50	0.00
（一）持续经营净利润（净亏损以"—"号填列）	0.00	0.00
（二）终止经营净利润（净亏损以"—"号填列）	0.00	0.00
五、其他综合收益的税后净额	0.00	0.00
（一）不能重分类进损益的其他综合收益	0.00	0.00
1. 重新计量设定受益计划变动额	0.00	0.00
2. 权益法下不能转损益的其他综合收益	0.00	0.00
……	0.00	0.00
（二）将重分类进损益的其他综合收益	0.00	0.00
1. 权益法下可转损益的其他综合收益	0.00	0.00
2. 其他债权投资公允价值变动	0.00	0.00
3. 金融资产重分类计入其他综合收益的金额	0.00	0.00
4. 其他债权投资信用减值准备	0.00	0.00
5. 现金流量套期储备	0.00	0.00
6. 外币财务报表折算差额	0.00	0.00
……	0.00	0.00
六、综合收益总额	0.00	0.00
七、每股收益	0.00	0.00
（一）基本每股收益	0.00	0.00
（二）稀释每股收益	0.00	0.00

4.3 现金流量表填制与信息披露

4.3.1 现金流量表的概念

现金流量表通常是用来反映企业在一定会计期间内现金和现金等价物流入、流出的报表。现金流量表是对资产负债表和利润表的补充。

4.3.2 现金流量表的填制方法与信息披露

现金流量表通常每年填报一次，填报时间是每年12月份税款所属期。编制方法为：

可以按企业记账凭证整理编制，辅助“T”形账记录完成。表中“本期金额”列各栏次反映本年1—12月累计金额，“上期金额”列各栏次反映上年同期金额。填列好的现金流量表如表4-3所示。

表4-3 现金流量表

会企03表

编制单位：北京浩天科技发展有限公司　　20××年12月　　单位：元

项目	本期金额	上期金额
一、经营活动产生的现金流量：	0.00	0.00
销售商品、提供劳务收到的现金	23 796 537.03	0.00
收到的税费返还	0.00	0.00
收到其他与经营活动有关的现金	3 752.10	0.00
经营活动现金流入小计	23 800 289.13	0.00
购买商品、接受劳务支付的现金	10 191 750.00	0.00
支付给职工以及为职工支付的现金	1 027 341.47	0.00
支付的各项税费	456 967.32	0.00
支付其他与经营活动有关的现金	12 451 911.62	0.00
经营活动现金流出小计	24 127 970.41	0.00
经营活动产生的现金流量净额	−327 681.28	0.00
二、投资活动产生的现金流量：	0.00	0.00
收回投资收到的现金	0.00	0.00
取得投资收益收到的现金	5 412.50	0.00
处置固定资产、无形资产和其他长期资产收回的现金净额	9 605.00	0.00
处置子公司及其他营业单位收到的现金净额	0.00	0.00
收到其他与投资活动有关的现金	0.00	0.00
投资活动现金流入小计	15 017.50	0.00
购建固定资产、无形资产和其他长期资产支付的现金	36 042.00	0.00
投资支付的现金	0.00	0.00
取得子公司及其他营业单位支付的现金净额	0.00	0.00
支付其他与投资活动有关的现金	0.00	0.00
投资活动现金流出小计	36 042.00	0.00
投资活动产生的现金流量净额	−21 024.50	0.00
三、筹资活动产生的现金流量：	0.00	0.00
吸收投资收到的现金	500 000.00	0.00
取得借款收到的现金	1 000 000.00	0.00
收到其他与筹资活动有关的现金	0.00	0.00
筹资活动现金流入小计	1 500 000.00	0.00
偿还债务支付的现金	5 100.00	0.00
分配股利、利润或偿付利息支付的现金	0.00	0.00
支付其他与筹资活动有关的现金	0.00	0.00
筹资活动现金流出小计	5 100.00	0.00
筹资活动产生的现金流量净额	1 494 900.00	0.00

续表

项目	本期金额	上期金额
四、汇率变动对现金及现金等价物的影响	0.00	0.00
五、现金及现金等价物净增加额	1 146 194.22	0.00
加：期初现金及现金等价物余额	4 724 246.44	0.00
六、期末现金及现金等价物余额	5 870 440.66	0.00

实训五

增值税及相关税种的计算与申报

实训目的

学习税法相关知识，了解增值税及附加税的概念，熟悉增值税及附加税的计算与申报方法。

实训内容

增值税、附加税、印花税的计算，相关申报表的填制。

实训方法

线下与线上实操练习。

实训要求

了解增值税、附加税、印花税的概念；掌握增值税、附加税、印花税的计算与申报处理方法和流程。

增值税的计算与申报

5.1.1 增值税的概念

增值税是以商品（含应税劳务）在流转过程中产生的增值额作为计税依据而征收的一种流转税。从计税原理上说，增值税是对商品生产、流通以及劳务服务中多个环节的新增价值或商品的附加值征收的一种流转税。增值税实行价外税，也就是由消费者负担，有增值才征税，没增值不征税。

5.1.2 增值税的计算

（1）纳税人的分类。

我国对增值税纳税人实行分类管理，以发生应税行为的年应税销售额为标准，将纳税人分为一般纳税人和小规模纳税人，二者在计税方法、适用税率（征收率）、凭证管理等方面都不相同。

（2）划分一般纳税人和小规模纳税人的标准。

年应税销售额标准为500万元（含本数），即年应税销售额超过500万元的纳税人为一般纳税人；年应税销售额未超过500万元的纳税人为小规模纳税人。

（3）特殊规定。

年应税销售额未超过规定标准的纳税人，会计核算健全、能够提供准确税务资料的，可以向主管税务机关办理一般纳税人资格登记，成为一般纳税人。

1. 一般纳税人

一般纳税人增值税应纳税额的计算公式为：

应纳税额＝销项税额－进项税额＝销售额×适用税率－进项税额

当销售额含税时，应先转换成不含税销售额，转换方法如下：

销售额＝含增值税销售额÷（1＋税率）

举例说明。甲公司20××年5月份的纳税资料如下，计算其5月份增值税应纳税额。

开具增值税专用发票和普通发票情况：

（1）本期防伪税控系统共开具增值税专用发票86份，其中：47份增值税专用发票为销售电脑开具，金额为 42 000 000 元，税率为 13%，税额为 5 460 000 元；10 份增值税专用发票为提供修理修配劳务开具，金额为 120 000 元，税率为 13%，税额为 15 600 元；20 份增值税专用发票为提供技术服务开具，金额为 100 000 元，税率为 6%，税额为 6 000 元；9 份增值税专用发票为提供运输服务开具，金额为 700 000 元，税率为 9%，税额为 63 000 元。

（2）本期共开具增值税普通发票 20 份，涉及业务为销售电脑，金额为 120 000 元，税额为 15 600 元。

发票认证情况：

将本月取得的增值税专用发票全部认证，《认证结果通知书》及认证结果清单显示：已认证相符的、符合本期抵扣条件的增值税专用发票 55 份，金额为 2 928 000 元，税额为 495 600 元。

计算过程：

销项税额＝5 460 000＋15 600＋6 000＋63 000＋15 600＝5 560 200（元）

进项税额＝495 600（元）

应纳税额＝5 560 200－495 600＝5 064 600（元）

2. 小规模纳税人

小规模纳税人增值税应纳税额的计算公式为：

应纳税额＝销售额（不含增值税）×征收率

举例说明。按季度申报纳税的某快餐店为小规模纳税人，20××年 1—3 月提供餐饮服务取得收入 360 500 元（含税收入），自行开具普通发票。其应纳税额为：

不含税销售额＝360 500÷（1＋3%）＝350 000（元）

应纳税额＝350 000×3%＝10 500（元）

5.1.3　增值税的申报方法

根据国家税务总局的规定，一般纳税人和小规模纳税人应分别填报不同的纳税申报表。

小规模纳税人申报比较简单，其申报表主表如表 5－1 所示。一般纳税人申报比较复杂，本书主要介绍一般纳税人增值税申报方法。根据规定，一般纳税人申报须填报以下信息表：增值税纳税申报表（适用于一般纳税人）、增值税纳税申报表附列资料（表一～表四）、增值税减免税申报明细表以及地税申报表。不管有无数据，都要在系统中点击打开相应报表，填写并保存，否则校验不通过。系统中显示的增值税纳税申报表结构如图 5－1 所示。

表 5－1 增值税纳税申报表
（小规模纳税人适用）

税款所属时间：20××年 01 月 01 日至 20××年 03 月 31 日

纳税人识别号：9112010500000002　　填表日期：20××年 01 月 10 日

纳税人名称（公章）：××公司　　金额单位：元至角分

	本期销售不动产的销售额：	0.00				
	项目	栏次	本期数		本年累计	
			货物及劳务	服务、不动产和无形资产	货物及劳务	服务、不动产和无形资产
一、计税依据	（一）应征增值税不含税销售额（3%征收率）	1	320 000.00	0.00	320 000.00	0.00
	税务机关代开的增值税专用发票不含税销售额	2	0.00	0.00	0.00	0.00
	税控器具开具的普通发票不含税销售额	3	320 000.00	0.00	320 000.00	0.00
	（二）应征增值税不含税销售额（5%征收率）	4	—	0.00	—	0.00
	税务机关代开的增值税专用发票不含税销售额	5	—	0.00	—	0.00
	税控器具开具的普通发票不含税销售额	6	—	0.00	—	0.00
	（三）销售使用过的固定资产不含税销售额	7（7≥8）	0.00	—	0.00	—
	税控器具开具的普通发票不含税销售额	8	0.00	—	0.00	—
	（四）免税销售额	9=10+11+12	0.00	0.00	0.00	0.00
	其中：小微企业免税销售额	10	0.00	0.00	0.00	0.00
	未达起征点销售额	11	0.00	0.00	0.00	0.00
	其他免税销售额	12	0.00	0.00	0.00	0.00
	（五）出口免税销售额	13（13≥14）	0.00	0.00	0.00	0.00
	其中：税控器具开具的普通发票销售额	14	0.00	0.00	0.00	0.00
	核定销售额	15	0.00	0.00	0.00	0.00
二、税款计算	本期应纳税额	16	9 600 00	0.00	9 600 00	0.00
	核定应纳税额	17	0.00	0.00	0.00	0.00
	本期应纳税额减征额	18	0.00	0.00	0.00	0.00
	本期免税额	19	0.00	0.00	0.00	0.00
	其中：小微企业免税额	20	0.00	0.00	0.00	0.00
	未达起征点免税额	21	0.00	0.00	0.00	0.00
	应纳税额合计	22=16−18 或 17−18	9 600 00	0.00	9 600 00	0.00
	本期预缴税额	23	0.00	0.00	—	—
	本期应补（退）税额	24=22−23	9 600 00	0.00	—	—

是否自行申报　　☑ 是　　☐ 否

<table>
<tr><td rowspan="9">一般纳税人</td><td>1</td><td>代扣代缴税收能用缴款书抵扣清单</td><td>20××-04-01 至 20××-04-30</td><td>新建</td></tr>
<tr><td>2</td><td>成品油购销存情况明细表</td><td>20××-04-01 至 20××-04-30</td><td>新建</td></tr>
<tr><td>3</td><td>增值税纳税申报表附列资料（表三）</td><td>20××-04-01 至 20××-04-30</td><td>新建</td></tr>
<tr><td>4</td><td>增值税纳税申报表附列资料（表二）</td><td>20××-04-01 至 20××-04-30</td><td>新建</td></tr>
<tr><td>5</td><td>增值税纳税申报表附列资料（表一）</td><td>20××-04-01 至 20××-04-30</td><td>新建</td></tr>
<tr><td>6</td><td>增值税减免税申报明细表</td><td>20××-04-01 至 20××-04-30</td><td>新建</td></tr>
<tr><td>7</td><td>增值税纳税申报表（适用于一般纳税人）</td><td>20××-04-01 至 20××-04-30</td><td>新建</td></tr>
<tr><td>8</td><td>增值税纳税申报表附列资料（表四）</td><td>20××-04-01 至 20××-04-30</td><td>新建</td></tr>
<tr><td>9</td><td>适用加计抵减政策的声明</td><td>20××-04-01 至 20××-12-31</td><td>新建</td></tr>
<tr><td>增值税预缴税款</td><td>1</td><td>增值税预缴税款表</td><td>20××-04-01 至 20××-12-30</td><td>新建</td></tr>
</table>

纳税申报表信息

城建教育费附加	1	城建税、教育费附加、地方教育费附加税（费）申报表	20××-05-01 至 20××-05-31	新建
印花税	1	印花税纳税申报表	20××-05-01 至 20××-05-31	新建

图 5-1　增值税纳税申报表结构

➢ 1. 增值税纳税申报表附列资料（表一）

增值税纳税申报表附列资料（表一）（如表 5-2 所示）为销项数据表，企业根据自身情况选择填写。实际工作中，填制报表之前打印增值税发票汇总表，根据增值税发票汇总表中的销售额填报，销售额与科目余额表或利润表上的数据应是完全一致的。

➢ 2. 增值税纳税申报表附列资料（表二）

增值税纳税申报表附列资料（表二）如表 5-3 所示。

填表说明：

（1）第 1 至 12 栏“一、申报抵扣的进项税额”各栏：分别反映纳税人按税法规定符合抵扣条件、在本期申报抵扣的进项税额。

（2）第 13 至 23 栏“二、进项税额转出额”各栏：分别反映纳税人已经抵扣但按规定应在本期转出的进项税额明细情况。

（3）第 24 至 34 栏“三、待抵扣进项税额”各栏：分别反映纳税人已经取得，但按税法规定不符合抵扣条件，暂不予在本期申报抵扣的进项税额情况及按税法规定不允许抵扣的进项税额情况。

（4）表中关系：2 行“本期认证相符且本期申报抵扣”栏＝35 行“本期认证相符的增值税专用发票”栏－26 行“本期认证相符且本期未申报抵扣”栏。

➢ 3. 增值税纳税申报表（适用于一般纳税人）

增值税纳税申报表（适用于一般纳税人）又称主表，如表 5-4 所示。表中数据由附列资料表一、表二生成。

主表和其他各表间的关系如下：

主表 8 行“免税销售额”栏＝《增值税减免税申报明细表》“免税项目”对应项目；

主表 23 行“应纳税额减征额”栏＝《增值税减免税申报明细表》“减税项目”对应项目；

表 5-2 增值税纳税申报表附列资料（表一）

（本期销售情况明细）

税款所属时间：20××年 12 月 01 日至 20××年 12 月 31 日

纳税人名称（公章）：北京浩天科技发展有限公司　　　　金额单位：元至角分

项目及栏次				开具增值税专用发票		开具其他发票		未开具发票		纳税检查调整		合计			服务、不动产和无形资产扣除项目本期实际扣除金额	扣除后	
				销售额	销项（应纳）税额	销售额	销项（应纳）税额	销售额	销项（应纳）税额	销售额	销项（应纳）税额	销售额	销项（应纳）税额	价税合计		含税（免税）销售额	销项（应纳）税额
				1	2	3	4	5	6	7	8	9=1+3+5+7	10=2+4+6+8	11=9+10	12	13=11−12	14=13÷（100%+税率或征收率）×税率或征收率
一、一般计税方法计税	全部征税项目	13%税率的货物及加工修理修配劳务	1	3 121 000.00	405 730.00	0.00	0.00	0.00	0.00	0.00	0.00	3 121 000.00	405 730.00	—	—	—	—
		13%税率的服务、不动产和无形资产	2	0.00	0.00	0.00	0.00	0.00	0.00	0.00	0.00	0.00	0.00	0.00	0.00	0.00	0.00
		13%税率		—	—	—	—	—	—	—	—	—	—	—	—	—	—
		9%税率的货物及加工修理修配劳务	3	0.00	0.00	0.00	0.00	0.00	0.00	0.00	0.00	0.00	0.00	—	—	—	—
		9%税率的服务、不动产和无形资产	4	0.00	0.00	0.00	0.00	0.00	0.00	0.00	0.00	0.00	0.00	0.00	0.00	0.00	0.00
		6%税率	5	0.00	0.00	0.00	0.00	0.00	0.00	0.00	0.00	0.00	0.00	0.00	0.00	0.00	0.00
	其中：即征即退项目	即征即退货物及加工修理修配劳务	6	—	—	—	—	—	—	—	—	0.00	0.00	—	—	—	—
		即征即退服务、不动产和无形资产	7	—	—	—	—	—	—	—	—	0.00	0.00	0.00	0.00	0.00	0.00
二、简易计税方法计税	全部征税项目	6%征收率	8	0.00	0.00	0.00	0.00	0.00	0.00	—	—	0.00	0.00	—	—	—	—
		5%征收率的货物及加工修理修配劳务	9a	0.00	0.00	0.00	0.00	0.00	0.00	—	—	0.00	0.00	—	—	—	—
		5%征收率的服务、不动产和无形资产	9b	0.00	0.00	0.00	0.00	0.00	0.00	—	—	0.00	0.00	0.00	0.00	0.00	0.00
		4%征收率	10	0.00	0.00	0.00	0.00	0.00	0.00	—	—	0.00	0.00	—	—	—	—
		3%征收率的货物及加工修理修配劳务	11	0.00	0.00	0.00	0.00	0.00	0.00	—	—	0.00	0.00	—	—	—	—
		3%征收率的服务、不动产和无形资产	12	0.00	0.00	0.00	0.00	0.00	0.00	—	—	0.00	0.00	0.00	0.00	0.00	0.00

续表

项目及栏次					开具增值税专用发票		开具其他发票		未开具发票		纳税检查调整		合计			服务、不动产和无形资产扣除项目本期实际扣除金额	扣除后	
					销售额	销项（应纳）税额	销售额	销项（应纳）税额	销售额	销项（应纳）税额	销售额	销项（应纳）税额	销售额	销项（应纳）税额	价税合计		含税（免税）销售额	销项（应纳）税额
					1	2	3	4	5	6	7	8	9=1+3+5+7	10=2+4+6+8	11=9+10	12	13=11−12	14=13÷（100%+税率或征收率）×税率或征收率
二、简易计税方法计税	全部征税项目	预征率	%	13a	0.00	0.00	0.00	0.00	0.00	0.00	—	—	0.00	0.00	0.00	0.00	0.00	0.00
		预征率	%	13b	0.00	0.00	0.00	0.00	0.00	0.00	—	—	0.00	0.00	0.00	0.00	0.00	0.00
		预征率	%	13c	0.00	0.00	0.00	0.00	0.00	0.00	—	—	0.00	0.00	0.00	0.00	0.00	0.00
	其中：即征即退项目	即征即退货物及加工修理修配劳务		14	—	—	—	—	—	—	—	—	0.00	0.00	—	—	—	—
		即征即退服务、不动产和无形资产		15	—	—	—	—	—	—	—	—	0.00	0.00	0.00	0.00	0.00	0.00
三、免抵退税	货物及加工修理修配劳务			16	—	—	0.00	—	0.00	—	—	—	0.00	—	—	—	—	—
	服务、不动产和无形资产			17	—	—	0.00	—	0.00	—	—	—	0.00	—	0.00	0.00	0.00	—
四、免税	货物及加工修理修配劳务			18	0.00	0.00	0.00	—	0.00	—	—	—	0.00	—	—	—	—	—
	服务、不动产和无形资产			19	—	—	0.00	—	0.00	—	—	—	0.00	—	0.00	0.00	0.00	—

表 5-3 增值税纳税申报表附列资料（表二）

（本期进项税额明细）

税款所属时间 20××年 12 月 1 日至 20××年 12 月 31 日

纳税人名称（公章）：北京浩天科技发展有限公司　　金额单位：元至角分

一、申报抵扣的进项税额				
项目	栏次	份数	金额	税额
（一）认证相符的增值税专用发票	1=2+3	10	910 746.75	118 859.20
其中：本期认证相符且本期申报抵扣	2	10	910 746.75	118 859.20
前期认证相符且本期申报抵扣	3	0	0.00	0.00
（二）其他扣税凭证	4=5+6+7+8a+8b	4	1 060.55	95.45
其中：海关进口增值税专用缴款书	5	0	0.00	0.00
农产品收购发票或者销售发票	6	0	0.00	0.00
代扣代缴税收缴款凭证	7	0	—	0.00
加计扣除农产品进项税额	8a	—	—	0.00
其他	8b	4	1 060.55	95.45
（三）本期用于购建不动产的扣税凭证	9	0	0.00	0.00
（四）本期用于抵扣的旅客运输服务扣税凭证	10	4	1 060.55	95.45
（五）外贸企业进项税额抵扣证明	11	—	—	0.00
当期申报抵扣进项税额合计	12=1+4+11	14	911 807.30	118 954.65
二、进项税额转出额				
项目	栏次	税额		
本期进项税额转出额	13=14 至 23 之和	265.20		
其中：免税项目用	14	0.00		
集体福利、个人消费	15	0.00		
非正常损失	16	0.00		
简易计税方法征税项目用	17	0.00		
免抵退税办法不得抵扣的进项税额	18	0.00		
纳税检查调减进项税额	19	0.00		
红字专用发票信息表注明的进项税额	20	0.00		
上期留抵税额抵减欠税	21	0.00		
上期留抵税额退税	22	0.00		
其他应作进项税额转出的情形	23	265.20		
三、待抵扣进项税额				
项目	栏次	份数	金额	税额
（一）认证相符的增值税专用发票	24	—	—	—
期初已认证相符但未申报抵扣	25	0	0.00	0.00
本期认证相符且本期未申报抵扣	26	0	0.00	0.00
期末已认证相符但未申报抵扣	27	0	0.00	0.00
其中：按照税法规定不允许抵扣	28	0	0.00	0.00
（二）其他扣税凭证	29=30 至 33 之和	0	0.00	0.00
其中：海关进口增值税专用缴款书	30	0	0.00	0.00
农产品收购发票或者销售发票	31	0	0.00	0.00
代扣代缴税收缴款凭证	32	0	—	0.00
其他	33	0	0.00	0.00
	34	—	—	—
四、其他				
项目	栏次	份数	金额	税额
本期认证相符的增值税专用发票	35	10	910 746.75	118 859.20
代扣代缴税额	36	—	—	0.00

表 5-4 增值税纳税申报表

（适用于一般纳税人）

根据国家税收法律法规及增值税相关规定制定本表。纳税人不论有无销售额，均应按税务机关核定的纳税期限填写本表，并向当地税务机关申报。

税款所属时间：20××年 12 月 01 日至 20××年 12 月 31 日　　　　填表日期：20××年 01 月 10 日

金额单位：元至角分

<table>
<tr><td colspan="3">纳税人识别号：</td><td>所属行业：</td><td colspan="3"></td></tr>
<tr><td colspan="2">纳税人名称：北京浩天科技发展有限公司</td><td>法定代表人姓名：</td><td colspan="2">注册地址：</td><td>生产经营地址：</td><td></td></tr>
<tr><td colspan="3">开户银行及账号：</td><td>登记注册类型：</td><td>私营有限公司</td><td colspan="2">电话号码：</td></tr>
<tr><td colspan="2" rowspan="2">项目</td><td rowspan="2">栏次</td><td colspan="2">一般项目</td><td colspan="2">即征即退项目</td></tr>
<tr><td>本月数</td><td>本年累计</td><td>本月数</td><td>本年累计</td></tr>
<tr><td rowspan="10">销售额</td><td>（一）按适用税率计税销售额</td><td>1</td><td>3 121 000.00</td><td>3 121 000.00</td><td>0.00</td><td>0.00</td></tr>
<tr><td>其中：应税货物销售额</td><td>2</td><td>3 121 000.00</td><td>3 121 000.00</td><td>0.00</td><td>0.00</td></tr>
<tr><td>应税劳务销售额</td><td>3</td><td>0.00</td><td>0.00</td><td>0.00</td><td>0.00</td></tr>
<tr><td>纳税检查调整的销售额</td><td>4</td><td>0.00</td><td>0.00</td><td>0.00</td><td>0.00</td></tr>
<tr><td>（二）按简易办法计税销售额</td><td>5</td><td>0.00</td><td>0.00</td><td>0.00</td><td>0.00</td></tr>
<tr><td>其中：纳税检查调整的销售额</td><td>6</td><td>0.00</td><td>0.00</td><td>0.00</td><td>0.00</td></tr>
<tr><td>（三）免、抵、退办法出口销售额</td><td>7</td><td>0.00</td><td>0.00</td><td>—</td><td>—</td></tr>
<tr><td>（四）免税销售额</td><td>8</td><td>0.00</td><td>0.00</td><td>—</td><td>—</td></tr>
<tr><td>其中：免税货物销售额</td><td>9</td><td>0.00</td><td>0.00</td><td>—</td><td>—</td></tr>
<tr><td>免税劳务销售额</td><td>10</td><td>0.00</td><td>0.00</td><td>—</td><td>—</td></tr>
<tr><td rowspan="14">税款计算</td><td>销项税额</td><td>11</td><td>405 730.00</td><td>405 730.00</td><td>0.00</td><td>0.00</td></tr>
<tr><td>进项税额</td><td>12</td><td>118 954.65</td><td>118 954.65</td><td>0.00</td><td>0.00</td></tr>
<tr><td>上期留抵税额</td><td>13</td><td>0.00</td><td>0.00</td><td>0.00</td><td></td></tr>
<tr><td>进项税额转出</td><td>14</td><td>265.20</td><td>265.20</td><td>0.00</td><td>0.00</td></tr>
<tr><td>免、抵、退应退税额</td><td>15</td><td>0.00</td><td>0.00</td><td>—</td><td>—</td></tr>
<tr><td>按适用税率计算的纳税检查应补缴税额</td><td>16</td><td>0.00</td><td>0.00</td><td>—</td><td>—</td></tr>
<tr><td>应抵扣税额合计</td><td>17=12+13−14−15+16</td><td>118 689.45</td><td>—</td><td>0.00</td><td>—</td></tr>
<tr><td>实际抵扣税额</td><td>18（如 17<11，则为 17，否则为 11）</td><td>118 689.45</td><td>118 689.45</td><td>0.00</td><td>0.00</td></tr>
<tr><td>应纳税额</td><td>19=11−18</td><td>287 040.55</td><td>287 040.55</td><td>0.00</td><td>0.00</td></tr>
<tr><td>期末留抵税额</td><td>20=17−18</td><td>0.00</td><td>0.00</td><td>0.00</td><td>—</td></tr>
<tr><td>简易计税办法计算的应纳税额</td><td>21</td><td>0.00</td><td>0.00</td><td>0.00</td><td>0.00</td></tr>
<tr><td>按简易计税办法计算的纳税检查应补缴税额</td><td>22</td><td>0.00</td><td>0.00</td><td>—</td><td>—</td></tr>
<tr><td>应纳税额减征额</td><td>23</td><td>0.00</td><td>0.00</td><td>0.00</td><td>0.00</td></tr>
<tr><td>应纳税额合计</td><td>24=19+21−23</td><td>287 040.55</td><td>287 040.55</td><td>0.00</td><td>0.00</td></tr>
</table>

续表

项目		栏次	一般项目		即征即退项目	
			本月数	本年累计	本月数	本年累计
税款缴纳	期初未缴税额（多缴为负数）	25	3 369.69	3 369.69	0.00	0.00
	实收出口开具专用缴款书退税额	26	0.00	0.00	—	—
	本期已缴税额	27=28+29+30+31	3 369.69	3 369.69	0.00	0.00
	①分次预缴税额	28	0.00	—	0.00	—
	②出口开具专用缴款书预缴税额	29	0.00	—	—	—
	③本期缴纳上期应纳税额	30	3 369.69	3 369.69	0.00	0.00
	④本期缴纳欠缴税额	31	0.00	0.00	0.00	0.00
	期末未缴税额（多缴为负数）	32=24+25+26−27	287 040.55	287 040.55	0.00	0.00
	其中：欠缴税额（≥0）	33=25+26−27	0.00	—	0.00	—
	本期应补（退）税额	34=24−28−29	287 040.55	—	0.00	—
	即征即退实际退税额	35	—	—	0.00	0.00
	期初未缴查补税额	36	0.00	0.00	—	—
	本期入库查补税额	37	0.00	0.00	—	—
	期末未缴查补税额	38=16+22+36−37	0.00	0.00	—	—
是否代理申报				代理人名称		
代理人地址				代理人员身份证件类型		
代理人员身份证件号码				授权人		
授权声明	如果你已委托代理人申报，请填写下列资料： 为代理一切税务事宜，现授权________ （地址）________ 为本纳税人的代理申报人，任何与本申报表有关的往来文件可寄予此人。 授权人签字：		申报人声明	本纳税申报表是根据国家税收法律法规及相关规定填报的，我确定它是真实的、可靠的、完整的。 声明人签字：		

主管税务局机关： 接收人： 接收日期：

主表 28 行“分次预缴税额”栏＝（增值税纳税申报表附列资料（表四）第四列第一行“增值税税控系统专用设备费及技术维护费”＋第二行“分支机构预征缴纳税款”＋第三行“建筑服务预征缴纳税款”＋第四行“销售不动产预征缴纳税款”＋第五行“出租不动产预征缴纳税款”）＋第五列第八行“合计”。

4. 增值税纳税申报表附列资料（表三）

增值税纳税申报表附列资料（表三）如表 5-5 所示。

5. 增值税纳税申报表附列资料（表四）

增值税纳税申报表附列资料（表四）如表 5-6 所示。若当期有加计抵减额，直接在“加计抵减情况”栏次填写，分别反映在“本期发生额”“本期可抵减额”“本期实际抵减额”对应列项。若可从应纳税额中抵减，在主表中反映，主表以抵减后的应纳税额进行填报。

表 5-5　增值税纳税申报表附列资料（表三）

（服务、不动产和无形资产扣除项目明细）

税款所属时间 20××年 12 月 01 日至 20××年 12 月 31 日

纳税人名称（公章）：北京浩天科技发展有限公司　　　　金额单位：元至角分

项目及栏次		本期服务、不动产和无形资产价税合计额（免税销售额）	服务、不动产和无形资产扣除项目				
			期初余额	本期发生额	本期应扣除金额	本期实际扣除金额	期末余额
		1	2	3	4=2+3	5（5≤1 且 5≤4）	6=4-5
13%税率的项目	1	0.00	0.00	0.00	0.00	0.00	0.00
9%税率的项目	2	0.00	0.00	0.00	0.00	0.00	0.00
6%税率的项目（不含金融商品转让）	3	0.00	0.00	0.00	0.00	0.00	0.00
6%税率的金融商品转让项目	4	0.00	0.00	0.00	0.00	0.00	0.00
5%征收率的项目	5	0.00	0.00	0.00	0.00	0.00	0.00
3%征收率的项目	6	0.00	0.00	0.00	0.00	0.00	0.00
免抵退税的项目	7	0.00	0.00	0.00	0.00	0.00	0.00
免税的项目	8	0.00	0.00	0.00	0.00	0.00	0.00

表 5-6　增值税纳税申报表附列资料（表四）

（税额抵减情况表）

纳税人名称（公章）：北京神州浩天科技发展有限公司

税款所属时间：20××年 12 月 01 日至 20××年 12 月 31 日　　　　金额单位：元

一、税额抵减情况						
序号	抵减项目	期初余额	本期发生额	本期应抵减税额	本期实际抵减税额	期末余额
		1	2	3=1+2	4≤3	5=3-4
1	增值税税控系统专用设备费及技术维护费	0.00	0.00	0.00	0.00	0.00
2	分支机构预征缴纳税款	0.00	0.00	0.00	0.00	0.00
3	建筑服务预征缴纳税款	0.00	0.00	0.00	0.00	0.00
4	销售不动产预征缴纳税款	0.00	0.00	0.00	0.00	0.00
5	出租不动产预征缴纳税款	0.00	0.00	0.00	0.00	0.00

二、加计抵减情况							
序号	加计抵减项目	期初余额	本期发生额	本期调减额	本期可抵减额	本期实际抵减额	期末余额
		1	2	3	4=1+2-3	5	6=4-5
6	一般项目加计抵减额计算	0.00	0.00	0.00	0.00	0.00	0.00
7	即征即退项目加计抵减额计算	0.00	0.00	0.00	0.00	0.00	0.00
8	合计	0.00	0.00	0.00	0.00	0.00	0.00

➢ 6. 增值税减免税申报明细表

增值税减免税申报明细表如表 5-7 所示。使用系统填报时，在“减税性质代码及名称”空白处点击，会提示政策代码及名称，企业根据自身减免税情况选择填写。

表 5-7　增值税减免税申报明细表

税款所属时间：20××年 12 月 01 日至 20××年 12 月 31 日

纳税人识别号：

纳税人名称（公章）：北京浩天科技发展有限公司

填表日期：20××年 01 月 10 日　　　　金额单位：元（列至角分）

一、减税项目						
减税性质代码及名称	栏次	期初余额	本期发生额	本期应抵减税额	本期实际抵减税额	期末余额
		1	2	3=1+2	4≤3	5=3-4
合计	1	0.00	0.00	0.00	0.00	0.00
	2	0.00	0.00	0.00	0.00	0.00
		0.00	0.00	0.00	0.00	0.00
二、免税项目						
免税性质代码及名称	栏次	免征增值税项目销售额	免税销售额扣除项目本期实际扣除金额	扣除后免税销售额	免税销售额对应的进项税额	免税额
		1	2	3=1+2	4	5
合计	3	0.00	0.00	0.00	0.00	0.00
出口免税	4	0.00	—	—	—	—
其中：跨境服务	5	0.00	—	—	—	—
	6	0.00	0.00	0.00	0.00	0.00

7. 适用加计抵减政策的声明

依据财政部、税务总局、海关总署发布的 2019 年第 39 号公告的规定，自 2019 年 4 月 1 日至 2021 年 12 月 31 日，允许生产、生活性服务业纳税人按照当期可抵扣进项税额加计 10%抵减应纳税额。计算公式如下：

当期计提加计抵减额＝当期可抵扣进项税额×10%

使用系统填报时，对于适用加计抵减政策的纳税人，先在所属行业勾选，只能选择其一；将所选业务销售额和总销售额分别填入表格中，如表 5-8 所示。

表 5-8　适用加计抵减政策的声明

税款所属时间：20××年 12 月 01 日至 20××年 12 月 31 日

纳税人名称（公章）：北京浩天科技发展有限公司

纳税人识别号（统一社会信用代码）：

本纳税人符合《财政部 税务总局 海关总署关于深化增值税改革有关政策的公告》（财政部 税务总局 海关总署公告 2019 年第 39 号）规定，确定适用加计抵减政策。行业属于（请从下表勾选，只能选择其一）：	
行业	选项
邮政服务业	
电信服务业	—
其中：1. 基础电信业	
2. 增值电信业	
现代服务业	—
其中：1. 研发和技术服务业	
2. 信息技术服务业	
3. 文化创意服务业	
4. 物流辅助服务	

续表

行业				选项
5. 有形动产租赁服务业				
6. 鉴证咨询服务业				
7. 广播影视服务				
生活服务业				—
其中：1. 文化艺术业				
2. 体育业				
3. 教育				
4. 卫生				
5. 旅游业				
6. 娱乐业				
7. 餐饮业				
8. 住宿业				
9. 居民服务业				
10. 社会工作				
11. 公共设施管理业				
12. 不动产出租				
13. 商务服务业				
14. 专业技术服务业				
15. 代理业				
16. 其他生活服务业				
本纳税人用于判断是否符合加计抵减政策条件的销售额占比计算期为		至		
此期间提供邮政服务、电信服务、现代服务、生活服务销售额合计	0.00	元，全部销售额		0.00
元，占比为				0.00%
以上声明根据实际经营情况做出，我确定它是真实的、准确的、完整的。				
年　月　日 （纳税人签章）				

5.2 附加税的计算与申报

5.2.1 城建税、教育费附加与地方教育费附加的概念

1. 城建税

城市维护建设税（简称城建税），是以纳税人实际缴纳的增值税、消费税的税额为计税依据，依法计征的一种税。城市维护建设税的特征：一是具有附加税性质，它以纳税人

实际缴纳的增值税、消费税税额为计税依据，附加于增值税、消费税税额，本身并没有类似于其他税种的特定、独立的征税对象；二是具有特定目的，城市维护建设税税款专门用于城市的公用事业和公共设施的维护建设。

2. 教育费附加

凡缴纳增值税、消费税的单位和个人，均为教育费附加的纳税义务人。凡代征增值税、消费税的单位和个人，亦为代征教育费附加的义务人。农业、乡镇企业，由乡镇人民政府征收农村教育事业附加，不再征收教育费附加。

3. 地方教育费附加

地方教育费附加是指各省、自治区、直辖市根据国家有关规定，为增加地方教育的资金投入，促进本各省、自治区、直辖市教育事业发展，开征的一项地方政府性基金。该税款主要用于各地方的教育经费的投入补充。

5.2.2 城建税、教育费附加与地方教育费附加的计算

1. 城建税的计算

城建税应纳税额的计算公式为：

应纳税额＝实际缴纳的增值税和消费税之和×适用税率

一般来说，城镇规模越大，所需要的建设与维护资金越多。与此相适应，城市维护建设税相关法规规定，纳税人所在地为城市市区的，税率为7%；纳税人所在地为县城、建制镇的，税率为5%；纳税人所在地不在城市市区、县城或建制镇的，税率为1%。这种根据城镇规模不同差别设置税率的办法，较好地照顾了城市建设的不同需要。

2. 教育费附加的计算

教育费附加的计算公式为：

应纳教育费附加＝实际缴纳的增值税和消费税之和×3%

3. 地方教育费附加的计算

地方教育费附加的计算公式为：

地方教育费附加＝实际缴纳的增值税和消费税之和×2%

例如：某企业20××年5月共取得销售收入2 000 000元，实际缴纳增值税32 000元，实际缴纳消费税8 000元，无减免税额。计算该企业应缴纳的城市维护建设税、教育费附加和地方教育费附加。

本月应交城市维护建设税＝（32 000＋8 000）×7%＝2 800（元）

本月应交教育费附加＝（32 000＋8 000）×3%＝1 200（元）

本月应交地方教育费附加＝（32 000＋8 000）×2%＝800（元）

5.2.3 城建税、教育费附加与地方教育费附加的申报方法

根据税法的规定，计缴增值税与消费税需同时计缴城建税与教育费附加，并填报城建税、教育费附加与地方教育费附加申报表，如表5－9所示。

表 5-9　城市维护建设税、教育费附加、地方教育费附加申报表

税款所属时间：20××年 12 月 01 日至 20××年 12 月 31 日
纳税人识别号（统一社会信用代码）：
纳税人名称（公章）：北京浩天科技发展有限公司
填表日期：20××年 01 月 10 日　　　　金额单位：人民币元（列至角分）

纳税人信息	名称		北京浩天科技发展有限公司		登记类型		
	登记注册类型				所属行业		
	身份证件类型		身份证件号码		联系方式		
本期是否适用增值税小规模纳税人减征政策（减免性质代码＿城市维护建设税：07049901，减免性质代码＿教育费附加：61049901，减免性质代码＿地方教育附加：99049901）			0.00	0.00	减征比例＿城市维护建设税（%）		0.000 0%
					减征比例＿教育费附加（%）		0.000 0%
					减征比例＿地方教育附加（%）		0.000 0%

税（费）种	计税（费）依据				税率（征收率）	本期应纳税（费）额	本期减免税（费）额		本期增值税小规模纳税人减征额	本期已缴税（费）额	本期应补（退）税（费）额
	增值税		消费税	合计			减免性质代码	减免税（费）额			
	一般增值税	免抵税额									
	1	2	3	4=1+2+3	5	6=4×5	7	8	9	10	11=6−8−9−10
10109 城市维护建设税 市区（增值税附税）	287 040.55	0.000 000	0.00	287 040.55	7%	20 092.84		0.00	0.00	0.00	20 092.84
10109 城市维护建设税 市区（消费税附税）	0.00	0.000 000	0.00	0.00	0%	0.00		0.00	0.00	0.00	0.00
30203 教育费附加 增值税教育费附加	287 040.55	0.000 000	0.00	2 87040.55	3%	8 611.22		0.00	0.00	0.00	8 611.22
30203 教育费附加 消费税教育费附加	0.00	0.000 000	0.00	0.00	0%	0.00		0.00	0.00	0.00	0.00
30216 地方教育费附加 增值税地方教育附加	287 040.55	0.000 000	0.00	287 040.55	2%	5 740.81		0.00	0.00	0.00	5 740.81
30216 地方教育费附加 消费税地方教育附加	0.00	0.000 000	0.00	0.00	0%	0.00		0.00	0.00	0.00	0.00
30499 其他行政事业性收费收入 防洪工程维护费收入	0.00	0.000 000	0.00	0.00	0%	0.00		0.00	0.00	0.00	0.00
30500 其他行政事业性收费收入 防洪工程维护费收入（消费税附征）	0.00	0.000 000	0.00	0.00	0%	0.00		0.00	0.00	0.00	0.00
合计		0.00	0.00		—	34 444.87	—	0.00	0.00	0.00	34 444.87

谨声明：本纳税申报表是根据国家税收法律法规及相关规定填报的，是真实的、可靠的、完整的。 纳税人（签章）：　　年　月　日			
纳税人			
经办人：		受理人：	
经办人身份证号：		受理税务机关（章）：	
代理机构签章：		受理日期：　　年　月　日	
代理机构统一社会信用代码：			

5.3 印花税的计算与申报

5.3.1 印花税的概念

印花税是以合同、凭证、收据、账簿及权利许可证等文件为征税对象的税种。纳税人通过在文件上加贴印花税票或者盖章来履行纳税义务。在中华人民共和国境内书立、领受规定的经济凭证的单位和个人，都是印花税的纳税义务人，应当按照规定缴纳印花税。具体有立合同人、立据人、立账簿人、领受人、使用人。

5.3.2 印花税的计算

印花税共有13个征税项目，根据不同征税项目，分别实行从价计征和从量计征两种征收方式。

印花税以应纳税凭证所记载的金额、费用、收入额和凭证的件数为计税依据，按照适用税率或者税额标准计算应纳税额。应纳税额的计算公式为：

应纳税额＝应纳税凭证记载的金额（费用、收入额）×适用税率

应纳税额＝应纳税凭证的件数×适用税额标准

举例说明。某公司于20××年5月获得销售收入100万元，签订货物托运合同，金额为4 500元，从银行借款80万元。请计算该公司本月应缴纳的印花税额。

购销合同应缴纳的印花税额＝1 000 000×3÷10 000＝300（元）

货物运输合同应缴纳的印花税额＝4 500×5÷10 000＝2.25（元）

借款合同应缴纳的印花税额＝800 000×0.5÷10 000＝40（元）

本月应缴纳的印花税额＝300＋2.25＋40＝342.25（元）

5.3.3 印花税的申报方法

印花税实行“三自”的纳税办法，即纳税人自行计算应纳税额，自行购买并粘贴印花税票，同时在印花税票上自行注销，并在规定时间内及时办理纳税申报，填报纳税申报表（如表5-10所示）。

表 5－10　印花税纳税申报表

税款所属时间：20××年 12 月 01 日至 20××年 12 月 31 日

纳税人识别号（统一社会信用代码）：

纳税人名称（公章）：北京浩天科技发展有限公司

填表日期：　　　　　　　　　　　　　　　　　　　　　　　　　　　　金额单位：元（列至角分）

纳税人信息	名称	北京浩天科技发展有限公司				纳税人类型					
	登记注册类型					所属行业					
	身份证件号码		身份证件类型			联系方式					
本期是否适用增值税小规模纳税人减征政策（减免性质代码：09049901）				0.00	0.00	减征比例（%）			0.00%		
行次	应税凭证名称	计税金额或件数	核定征收		适用税率	本期应纳税额	本期已缴税额	本期减免税额		本期增值税小规模纳税人减征额	本期应补（退）税额
			核定依据	核定比例				减免性质代码	减免额		
		1	2	3	4	5=1×4+2×3×4	6	7	8	9	10=5－6－8－9
001	购销合同	0.00	3 112 500.00	120.00%	0.03%	1 120.50	0.00		0.00	0.00	1 120.50
002	加工承揽合同	0.00	0.00	0.00%	0.00%	0.00	0.00				0.00
003	建设工程勘察设计合同	0.00	0.00	0.00%	0.00%	0.00	0.00				0.00
004	建筑安装工程承揽合同	0.00	0.00	0.00%	0.00%	0.00	0.00				0.00
005	财产租赁合同	0.00	0.00	0.00%	0.00%	0.00	0.00				0.00
006	货物运输合同	0.00	0.00	0.00%	0.00%	0.00	0.00				0.00
007	仓储保管合同	0.00	0.00	0.00%	0.00%	0.00	0.00				0.00
008	借款合同	0.00	0.00	0.00%	0.00%	0.00	0.00				0.00
009	财产保险合同	0.00	0.00	0.00%	0.00%	0.00	0.00				0.00
010	技术合同	0.00	0.00	0.00%	0.00%	0.00	0.00				0.00
011	产权转移书据	0.00	0.00	0.00%	0.00%	0.00	0.00				0.00
合计		—	—	—	—	1 120.50	0.00	—	0.00	0.00	0.00
谨声明：本纳税申报表是根据国家税收法律法规及相关规定填报的，是真实的、可靠的、完整的。 纳税人（签章）：　　年　月　日											
经办人：						受理人：					
经办人身份证号：						受理税务机关（章）：					
代理机构签章：						受理日期：　　年　月　日					
代理机构统一社会信用代码：											

实训六

云会计实训平台的应用

实训目的

了解云会计实训平台功能。

实训内容

新建账套，录入凭证，生成账簿和报表。

实训方法

线下与线上实操练习。

实训要求

了解掌握云会计实训平台的处理方法和流程。

6.1 云会计的概念与功能

随着计算机的快速发展，企业会计已经从手工记账转向了电算化，而在互联网大力发展的今天，企业会计又从电算化迅速向云会计迈进。

云会计是建立在云计算基础上的，以互联网为媒介，由专门的服务商提供软件、硬件及其维护等服务，客户利用计算机等终端设备实现会计核算、财务分析等功能的在线会计信息系统。

浩天云会计实训平台基于云计算服务器，无须安装任何软件，借助开放的云平台，学生打开网页就能实现各种会计实务操作练习，具有高效、安全、简便的特点。

浩天云会计实训平台通过提供覆盖多个主流行业的在线企业真实账务核算课程模块，学生可更贴近客观经济环境进行账务实操训练，通过对具有普遍应用型行业的企业真账进行操作，学生可掌握不同行业会计核算的程序和方法，初步具备账务处理能力，分析、解决问题的综合性会计业务处理能力。

在浩天云会计实训平台上，多行业仿真账套实操子模块通过内置一段时期（年度或半年度，支持定期远程更新和即时手工更新）不同行业100%仿真业务票据，为学生提供具有普遍应用型行业的企业真账模拟实操环境，学生可以通过相关仿真票据学习到对应的知识点。

6.2 初始设置与应用

6.2.1 系统登录

在浏览器中输入地址 http://www.htykj.com.cn，打开系统主页，如图6-1所示。

6.2.2 用户注册

点击系统主页上的“注册”按钮，在用户注册页面上按提示录入相关用户注册信息，填写完毕后点击“注册”按钮，如图6-2所示。

图 6-1　系统主页

图 6-2　用户注册

6.2.3　用户登录

点击系统主页上方的“登录”按钮，按要求输入注册的手机号和密码等信息，如图 6-3 所示。

登 录

手机号　请输入手机号

密码　请输入密码

记住密码？

找回密码　立即注册

登 录

图 6-3　用户登录

6.2.4　建立账套

（1）用户登录后，点击页面右上方的“新建账套”按钮，如图 6－4 所示。

图 6－4　新建账套

（2）在创建账套界面输入账套名称、纳税人识别号、审核人及主管会计等信息、并选择账套启用时间和会计制度，录入完成后点击“创建”按钮，根据提示界面进行确认，如图 6－5 所示。

图 6－5　创建账套

6.2.5　进入账套

建账完成后，选择建立好的账套，点击“进入”按钮，如图 6－6 所示。

账套名称	启用时间	会计制度	业务时间	到期时间	当期凭证数	凭证累计数	所属产品	操作
北京浩天科技开发有限公司	20181201	企业会计准则	20181201	20181231	108	108	云会计原10账套版	作废　进入

图 6－6　进入账套

6.2.6 用户导航

建账完成后，进入账套后的界面如图 6-7 所示。

图 6-7 用户导航

6.2.7 账套参数

选择“系统设置”菜单，点击“参数设置”选项，如图 6-8 所示，确认各项参数，如图 6-9 所示。

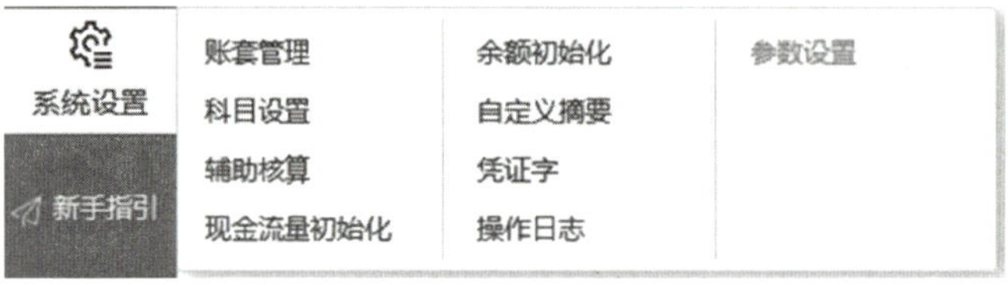

系统设置	账套管理	余额初始化	参数设置
	科目设置	自定义摘要	
新手指引	辅助核算	凭证字	
	现金流量初始化	操作日志	

图 6-8 系统参数

参数设置

名称	值
本位币币符	¥
本位币编号	RMB
本位币	RMB
单价数量是否必须录入	
现金流量项目是否必须录入	
是否银行科目结算方式必须录入	

保存

图 6-9 各项参数

6.2.8　凭证录入

（1）根据业务内容和实训指导，登录云会计平台并填写对应会计凭证。

（2）点击“凭证管理”菜单下的“凭证录入”，如图 6－10 所示。

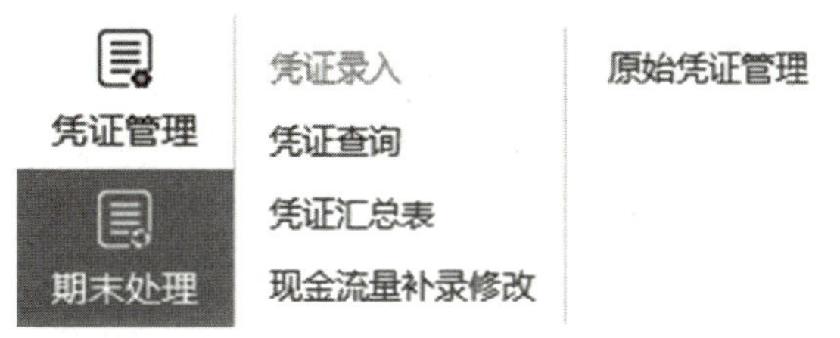

图 6－10　凭证录入

（3）进入凭证录入界面，填写或确认凭证类别、凭证号、凭证日期、附件张数等信息，如图 6－11 所示。

图 6－11　凭证填写

（4）手工录入预先设置的会计凭证摘要，如图 6－12 所示。

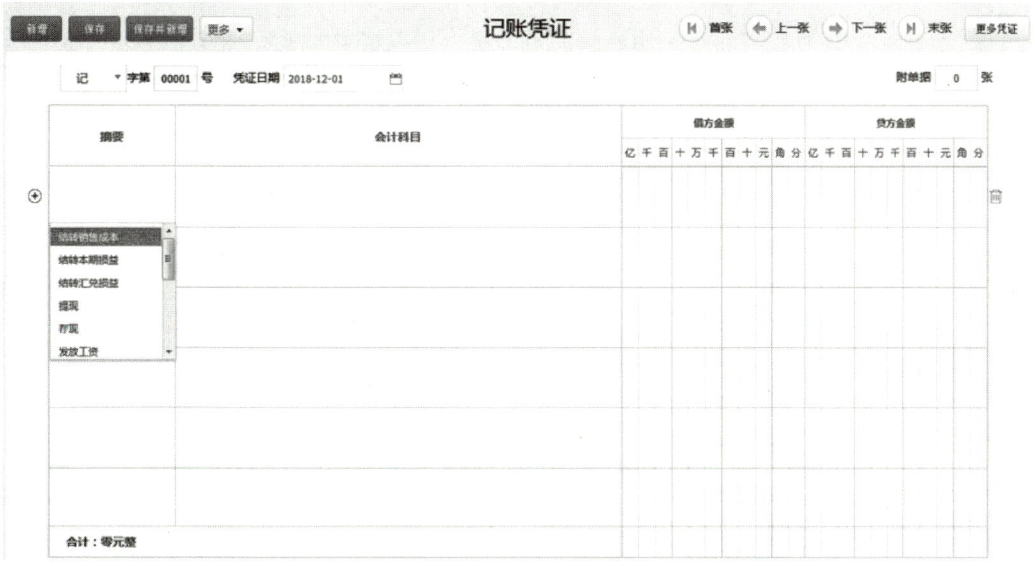

图 6－12　凭证摘要

（5）手工填写或选择会计科目，如图 6－13 所示。

图 6-13　会计科目

（6）如需增加或修改会计科目，点击“系统设置”菜单下的“科目设置”，进行新增或修改，如图 6-14 所示。

图 6-14　会计科目设置

（7）填写记账凭证各分录并确认无误后，点击“保存”按钮，如图 6-15 所示。

（8）如果需要修改已完成记账工作的凭证，点击“凭证管理”菜单下“凭证查询”按钮，点击凭证页面上的修改按钮，修改完成后点击“保存”按钮，如图 6-16 所示。

图 6－15　凭证保存

凭证查询

模糊搜索　输入凭证号/摘要/科目

刷新　新增凭证　批量导出　按日期排序编号　批量打印

2018　1月　2月　3月　4月　5月　6月　7月　8月　9月　10月　11月　12月

☑全选	摘要	科目	借方金额	贷方金额
☐	日期：2018-12-01凭证字号：记-00001附单据：张			冲销 复制 标错 修改 删除 插入 打印 导出
	收到投资者投资	1002001:银行存款-中国工商银行北京东升路支行	500000.00	0.00
	收到投资者投资	3001001:实收资本-张浩	0.00	500000.00
	总计		500000.00	500000.00
☐	日期：2018-12-01凭证字号：记-00002附单据：张			冲销 复制 标错 修改 删除 插入 打印 导出
	收到投资者投入的非专利技术	1701001:无形资产-非专利技术	500000.00	0.00
	收到投资者投入的非专利技术	3001002:实收资本-李绅	0.00	500000.00
	总计		500000.00	500000.00
☐	日期：2018-12-01凭证字号：记-00003附单据：张			冲销 复制 标错 修改 删除 插入 打印 导出
	商业承兑汇票贴现	1002001:银行存款-中国工商银行北京东升路支行	49000.00	0.00
	商业承兑汇票贴现	5603005:财务费用-贴现利息支出	1000.00	0.00
	商业承兑汇票贴现	1121001:应收票据-北京博特科技有限公司	0.00	50000.00
	总计		50000.00	50000.00

图 6－16　修改凭证

报表查询

录入上述相关数据后，云会计实训平台将自动生成相关财务报表。通过报表查询功能可以看到编制的相关报表。如查询资产负债表，可点击“报表”菜单，如图 6－17 所示，打开资产负债表查询页面，如图 6－18 所示，点击表样上方的月份，查询所选月份的资产负债表数据。查询其他财务报表的操作流程可参照资产负债表。

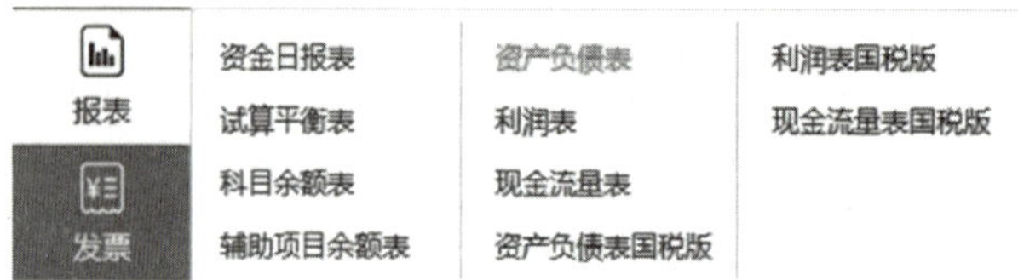

图 6-17　报表查询

浩天云会计　业务时间：2018-12-01　会计制度：小企业会计准则(2013年版)　用户：111

资产负债表

填表时间：2018-12

	A	B	C	D	E	F
	资产	期末余额	年初余额	负债及所有者权益(或股东权益)	期末余额	年初余额
1	流动资产:			流动负债:		
2	货币资金	5,895,309.18	0.00	短期借款	200,000.00	0.00
3	短期投资	0.00	0.00	应付票据	188,760.00	0.00
4	应收票据	1,005,600.00	0.00	应付账款	0.00	0.00
5	应收账款	464,000.00	0.00	预收账款	100,000.00	0.00
6	预付账款	50,000.00	0.00	应付职工薪酬	111,700.49	0.00
7	应收股利	0.00	0.00	应交税费	506,565.42	0.00
8	应收利息	0.00	0.00	应付利息	0.00	0.00
9	其他应收款	5,000.00	0.00	应付利润	0.00	0.00
10	存货	405,513.56	0.00	其他应付款	14,435.30	0.00
11	其中：原材料	116,077.20	0.00	其他流动负债	0.00	0.00
12	在产品	0.00	0.00	流动负债合计	1,121,461.21	0.00
13	库存商品	289,436.36	0.00	非流动负债:		
14	周转材料	0.00	0.00	长期借款	800,000.00	0.00
15	其他流动资产	0.00	0.00	长期应付款	0.00	0.00
16	流动资产合计	7,825,422.74	0.00	递延收益	0.00	0.00

图 6-18　资产负债表

主要参考文献

[1] 全国人大常委会法制工作委员会．中华人民共和国现行会计法律法规汇编．上海：立信会计出版社，2017.

[2] 企业会计准则编审委员会．企业会计准则．上海：立信会计出版社，2017.

[3] 王国生．小企业会计准则解释与应用．北京：中国财政经济出版社，2012.

[4] 中国注册会计师协会．2018 年注册会计师全国统一考试辅导教材：税法．北京：中国财政经济出版社，2018.

[5] 蒋泽生．基础会计模拟实训．5 版．北京：中国人民大学出版社，2019.

[6] 栾庆忠．增值税纳税实务与节税技巧．5 版．北京：中国市场出版社，2018.

[7] 于芳芳．企业所得税与会计准则差异分析及案例讲解．上海：立信会计出版社，2017.

图书在版编目（CIP）数据

企业财务会计技能实训教程 / 蒋泽生主编．-- 北京：中国人民大学出版社，2021.1
21 世纪高职高专会计类专业课程改革规划教材
ISBN 978-7-300-28967-0

Ⅰ.①企… Ⅱ.①蒋… Ⅲ.①企业管理—财务会计—高等职业教育—教材 Ⅳ.①F275.2

中国版本图书馆 CIP 数据核字（2021）第 023300 号

21 世纪高职高专会计类专业课程改革规划教材
企业财务会计技能实训教程
主　编　蒋泽生
副主编　陈　静　余万军　邓　伟
Qiye Caiwu Kuaiji Jineng Shixun Jiaocheng

出版发行　中国人民大学出版社
社　　址　北京中关村大街 31 号　　　**邮政编码**　100080
电　　话　010－62511242（总编室）　　010－62511770（质管部）
　　　　　010－82501766（邮购部）　　010－62514148（门市部）
　　　　　010－62515195（发行公司）　010－62515275（盗版举报）
网　　址　http://www.crup.com.cn
经　　销　新华书店
印　　刷　北京七色印务有限公司
规　　格　185 mm×260 mm　16 开本　　**版　　次**　2021 年 1 月第 1 版
印　　张　11.5　　　　　　　　　　**印　　次**　2021 年 1 月第 1 次印刷
字　　数　268 000　　　　　　　　　**定　　价**　33.00 元
